L'ESSENTIEL ✳ DES SPORTS
LA RANDONNÉE

HARRY ROBERTS

L'ESSENTIEL ✹ DES SPORTS

LA RANDONNÉE

HARRY ROBERTS

TRÉCARRÉ

Données de catalogage avant publication (Canada)
Roberts, Harry

La randonnée

(L'essentiel des sports)
Traduction de la 2ᵉ éd. de : Basic essentials. Backpacking.
Comprend un index.
ISBN : 2-89249-922-4

1. Randonnée sac au dos. 2. Randonnée sac au dos - Appareils et matériel. 3. Randonnée pédestre. I. Hall, Adrienne. II. Titre. III. Titre : Randonnée pédestre IV. Collection.

| GV1999.6.R7214 2000 | 796.51 | C00-940452-X |

L'édition originale de cet ouvrage a paru en anglais sous le titre *Basic Essentials : Back Paking*, publié chez Globe Pequot Press.

Design de la couverture : Cyclone Design Communications
Photo de la couverture : Images © PhotoDisc Inc.
Traduction : Martin Balthazar
Révision linguistique : Liliane Michaud
Infographie : Claude Bergeron

Crédits de photos : Fig. 3, Nalgene Outdoor Products ; fig. 4, Lowe Alpine Systems (à gauche, au centre) et Pearl Izumi (à droite) ; fig. 5, Kelty ; fig. 6, Images © PhotoDisc Inc. ; fig. 7, Five Ten (en haut), Montrail (au centre) et Salomon (en bas) ; fig. 8, Smart Wool, Wigwam Mills et Outdoor Research ; fig. 9, Kelty (en haut, en bas) et Eureka ! (au centre) ; fig. 10, Moss Tents ; fig. 11, Cascade Designs ; fig. 12, Mountain Safety Research ; fig. 13, Kelty ; fig. 14, Lowe Alpine Systems ; fig. 16, Adrienne Hall ; fig. 17, Sylva, Inc.

ISBN : 2-89249-922-4

Dépôt légal, 2000
Bibliothèque nationale du Québec

Imprimé au Canada

Nous reconnaissons l'aide financière du gouvernement du Canada par l'entremise du Programme d'aide à l'édition (PADIÉ) pour nos activités d'édition.

Éditions du Trécarré
Outremont (Québec) Canada

Table des matières

1 Introduction   **1**

2 Les premiers pas   **5**

3 L'équipement de base pour une randonnée
dans les bois   **14**

4 La maison que vous habiterez   **31**

5 La cuisine   **43**

6 Des sacs pour empaqueter   **49**

7 Les règles d'or de la randonnée en forêt   **57**

Appendice   **64**

Index   **68**

Introduction

Il m'a toujours semblé étrange de commencer un livre sur une activité quelconque, qu'il concerne la gastronomie ou les modèles à coller, par un long et passionné laïus détaillant tout l'agrément que cette activité pourra nous apporter. Il me semble tout à fait naturel que si vous, lecteur, avez acheté ce livre, c'est parce que vous vous intéressiez a priori au sujet en question. Vous souvenez-vous, en fait, d'avoir acheté un bouquin sur les 1001 manières de vous écraser le pouce à l'aide d'un marteau ?

Nous sommes donc d'accord. La randonnée pédestre et la marche en forêt sont des activités agréables. Et mon travail ici ne consiste pas à vous apprendre ô combien ce sont des activités intéressantes. Il s'agira plutôt de vous montrer certaines choses qui feront en sorte que ces activités, advenant telle ou telle situation, *demeureront* agréables pour votre famille, vos amis et vous-même.

Reprenons cette dernière phrase. Mon travail est de vous *montrer comment* faire certaines choses. Il ne s'agit donc pas non plus de vous pousser à acheter une chose ou une autre. Vous aurez bien sûr besoin d'équipement. Et vous aurez peut-être besoin de conseils pratiques concernant le choix de cet équipement. Mais j'ai toujours pensé que si l'on sait à quoi s'attendre d'un équipement et si l'on sait comment l'utiliser, on sera à même de faire un choix éclairé. En général, on remarquera que l'équipement le plus cher, dans les boutiques de plein air, est aussi le meilleur. Il s'agit encore d'un commerce équitable où l'on est en droit de s'attendre à obtenir la qualité pour laquelle on est prêt à payer. Mais vous grelotterez encore dans un sac de couchage haut de gamme si vous ne savez pas *comment* dormir dans un sac de couchage. Et peu importe la légèreté de chacun de ces merveilleux petits gadgets que vous traînerez avec vous pour vous rendre la vie plus confortable, il faudra encore que vous les portiez sur votre dos. Et votre dos ne fera pas la différence entre 15 kilos de gadgets superlégers en trop et 15 kilos de briques.

Ce n'est pas que j'aie quoi que ce soit contre les joujoux. Au contraire, j'apprécie beaucoup les choses bien faites et qui fonctionnent bien. Mais les gadgets les plus sophistiqués que vous trouverez dans certaines boutiques ne vous tiendront jamais aussi efficacement au chaud, au sec et confortable que quelques grammes de connaissances.

Voilà, c'était mon sermon du jour. Et maintenant, allons faire un tour dans les bois !

Pour commencer

En général, les gens ont une fausse conception de ce que c'est que partir en expédition avec un sac à dos.

Lorsque vous partez vous promener en forêt pour la journée, vous n'emportez que quelques objets de votre garde-robe et de votre cuisine. Mais quand vous partez pour plus d'une journée, c'est la chambre à coucher que vous devez emporter, en plus d'autres objets venant de votre cuisine. Voilà ! La randonnée n'est rien d'autre, en termes d'équipement, que le fait de s'organiser au jour le jour avec certains objets qui composent notre chambre à coucher et notre cuisine. Cette conception nous empêche de commettre toutes sortes d'impairs et nous prédispose à certaines idées claires et efficaces pour ce qui concerne le choix et l'utilisation de l'équipement.

Avant de devenir un adepte des expéditions, on commence par une petite randonnée en forêt. Après plusieurs balades de ce genre, on en vient à apprivoiser cet environnement, au point où l'on rechigne à retourner à sa voiture. On aimerait y passer la nuit, pour en voir davantage et passer plus de temps dans un environnement qui nous plaît. C'est à ce moment-là — et seulement à ce moment-là — que l'on peut envisager de partir faire une vraie randonnée.

Avant ce moment, on se balade en forêt, sans plus. Ces balades, vous pouvez toujours les glorifier en disant à vos amis que vous faites du *hiking*, mais dans le jargon, il existe bien peu de termes aussi disgracieux que celui-là. Le *hiking*, c'est ce que l'on fait lorsqu'on part avec une besace et une carabine, dans les marais de la Caroline du Sud. Le *hiking*, c'est ce que l'on faisait à 12 ans, quand on se refusait à croire que l'on pourrait survivre une seule nuit dans les bois sans une radio portative, 5 rechanges de sous-vêtements, 2 kilos de biscuits, un énorme poêlon en fonte, un sac de couchage pesant 5 kilos et 3 grosses bouteilles de cola. Le *hiking*, c'est ce que vous faites enfin lorsqu'au base-ball votre instructeur, venant vous trouver sur le monticule pour vous réclamer la balle parce que vous venez d'accorder six coups sûrs, vous dit : *Take a hike, son* (Va te balader, mon petit). — Vous pouvez bien faire du *hiking*, si vous voulez. Pour ma part, je m'en vais faire une randonnée en forêt. Et n'importe quelle forêt fera l'affaire.

En fait, vous n'aurez même pas besoin d'une forêt. La rase campagne peut convenir à merveille. Il n'est pas nécessaire de se trouver dans les Smokies, les Ozarks, les Sierras, les Adirondacks, les Rocheuses ou les Alpes. L'endroit n'a pas à être chic, célèbre et vanté dans les magazines de plein air. L'essentiel, c'est qu'il soit là, près d'où vous vivez et accessible au public. Cela pourra vous paraître terriblement évident, mais en réalité ce ne l'est pas. Bien des gens pourraient profiter des paysages qui se trouvent à deux pas de chez eux, alors qu'ils restent terrés à rêver d'horizons lointains.

Ne vous laissez donc pas séduire par l'exotisme. À trop rêver des sentiers enchanteurs qui sillonnent le mont Rainier, vous négligerez les paradis qui se trouvent juste à côté de chez vous.

Comment marcher Quoi ? « Mais tout le monde sait marcher ! » direz-vous. Je vous le concède, mais certaines personnes, qui en d'autres circonstances marchent fort aisément, finissent par dépenser énormément d'énergie pour rien, en expédition, et cela parce qu'elles prennent trop à cœur le fait de se promener avec un sac à dos.

Pour commencer, la marche en forêt, que l'on s'y adonne avec ou sans sac à dos, suppose plus souvent qu'autrement un terrain irrégulier, où il est plus délicat de rester en équilibre. Ajoutez-y un sac à dos, et vous vous rendrez compte que vous vous sentez un peu moins sûr de vous que sur le plancher d'une salle d'entraînement. La première règle, donc, c'est de raccourcir vos enjambées. Gardez vos pieds près du corps.

La deuxième règle ? Marchez le dos bien droit. Ce n'est pas toujours facile, sur un sentier, mais plus vous serez droit, plus il sera facile de porter votre charge : votre sac à dos sera plus confortable et votre dos s'en portera mieux. Si vous vous sentez voûté, servez-vous d'un bâton ou d'une longue canne. Rappelez-vous ce truc-là si vous avez à gravir un coteau escarpé ou l'un de ces interminables faux plats qui comportent une pente de 400 mètres d'élévation sur 2 kilomètres à marcher. Redressez-vous, faites de plus courtes enjambées, arrêtez-vous une fraction de seconde avant de vous pousser vers le haut de la pente à chacun de vos pas et *marchez les mains sur les hanches*. Je n'ai jamais pris le temps de vérifier pourquoi exactement cette technique est si efficace, mais elle l'est. Essayez-la.

Et voilà tout. Allez donc marcher quelque part avec votre maison sur le dos !

Votre attitude

Tout ce qu'il est nécessaire de savoir pour fonctionner efficacement et dans la joie sur le terrain s'apprend sans grande difficulté. Le fait de se sentir à l'aise par beau temps, et de se débrouiller au mieux lorsqu'il fait moins beau, tient davantage de l'attention que l'on porte aux détails que du privilège, par exemple, de pouvoir compter sur un formidable quotient intellectuel. En bref, il s'agit d'un jeu que la plupart peuvent apprendre.

Ce qui est moins prévisible, c'est votre façon d'aborder le jeu. C'est l'ensemble de vos attitudes qui, ultimement, feront en sorte, sur le terrain, que vous vous amuserez ou non, et plus précisément, que les personnes qui vous accompagnent s'amuseront ou non.

Commencez comme ceci. Tatouez-vous-le sur le dos de la main droite si vous ne pouvez pas compter sur votre mémoire, mais ne l'oubliez surtout pas :

Je ne suis pas ici pour conquérir quoi que ce soit.

S'il reste de la place sur votre main, rajoutez-y ceci :

Le plus lent des individus parmi nous fournit autant d'effort que moi.

Et ceci enfin sur le dos de votre main gauche :

Un sentier n'est pas une zone de combat.

Bon, vous pouvez y aller maintenant.

Les premiers pas

Il y a bien peu d'endroits en Amérique du Nord ou en Europe où l'on ne trouve pas un parc naturel public à proximité. Il peut s'agir d'un parc provincial, d'un parc national, d'un parc régional, d'un parc d'État (aux États-Unis), d'une région réservée à la conservation de la nature ou même d'une forêt provinciale ou nationale. Mais peu importe le nom que cet endroit portera, il s'agira pour nous d'un endroit où l'on pourra aller marcher dans les bois.

Et comment trouver un tel endroit ?

Le moyen le plus simple, c'est de feuilleter le bottin téléphonique et de chercher à la rubrique « équipement de camping », « articles de sport » ou encore « équipement d'alpinisme » et de faire quelques appels téléphoniques. Rejetez d'emblée les boutiques où l'on vous répondra quelque chose du genre : « Euh... bien, vous savez, il n'y a plus grand monde qui marche, ces jours-ci... Vous ne voudriez pas plutôt acheter un VTT à quatre roues pas cher ? » Avec un peu de patience, vous tomberez sur une boutique où l'on vend de l'équipement de camping et de randonnée, et c'est là que vous trouverez l'information. Les employés seront sans doute en mesure de vous indiquer l'emplacement des parcs naturels les plus proches. Ils sauront aussi vous fournir le numéro de téléphone de l'organisme gouvernemental qui gère les activités de plein air (dont le nom parfois, comme « ministère de la Chasse et de la Pêche », peut nous induire en erreur) et qui comportera sans doute un service d'information pour les marcheurs et les adeptes du canot ou du ski de fond. Là, vous trouverez probablement des dépliants et des cartes, mais en raison souvent du nombre restreint d'employés, ne vous attendez pas à ce qu'on ajuste vos bottes ou qu'on vous indique le chemin du coin le plus pittoresque de tout l'arrière-pays.

Lorsque vous cherchez un endroit où marcher, consultez :

◆ Votre revendeur d'articles sportifs local

◆ Un club local de randonnée ou d'alpinisme

◆ Un organisme local voué à la conservation

◆ Un parc forestier

◆ Une carte géographique de la région où vous vous trouvez

◆ Internet

Vous trouverez chez votre revendeur d'articles de plein air préféré des cartes détaillées des sentiers pédestres les plus proches de chez vous. Si vous prévoyez découvrir les sentiers d'une autre région ou d'un autre pays, renseignez-vous encore dans une boutique de plein air, où vous trouverez probablement des cartes et des conseils. Ainsi, vous vous rendrez compte, peut-être, que la carte du parc naturel où vous aviez repéré un sentier apparemment charmant ne faisait pas état d'une autre piste, située juste à côté, et réservée celle-là aux véhicules tout-terrain... Il n'y a rien de plus enrageant que de parcourir 400 kilomètres avec l'intention de marcher dans la paix et la solitude pour s'apercevoir finalement que le sentier qu'on avait choisi est pollué par la pétarade de VTT qui ont envahi la forêt.

Ce genre de catastrophe peut être évité en passant un coup de fil dans une boutique de plein air locale. Et s'il n'y a pas de boutique du genre dans les environs, référez-vous à l'Office du tourisme du village le plus proche. Une bonne carte est sans doute fort utile, mais même les meilleures cartes ne vous éviteront pas le bruyant problème d'une piste réservée aux véhicules motorisés.

Aux États-Unis, le Earth Science Information Center (E.S.I.C.) vous aidera à trouver des cartes spécialisées en tout genre. Il s'agit en effet d'une bonne banque de cartes topographiques (voir la figure 1, par exemple). Cet organisme recueille et trie l'information cartographique issue des agences gouvernementales américaines. Vous pouvez les rejoindre au au : **Le quartier général du E.S.I.C.** , U.S. Geological Survey, 507 National Center, Reston, VA 20192, (800) USA-MAPS, www.usgs.gov

Au Québec, vous pouvez contacter les Publications gouvernementales, l'entreprise Aux Quatre Points Cardinaux ou encore la Photocartothèque québécoise pour obtenir une liste des cartes régionales et des photos aériennes disponibles pour une ville, une province ou un pays quelconque. Elles sauront répondre à toutes vos questions concernant les cartes et vous pourrez y acheter précisément ce que vous cherchez.

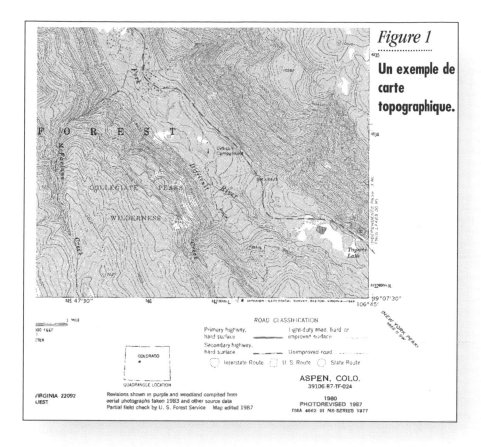

Figure 1

Un exemple de carte topographique.

Publications gouvernementales
1185, rue Université
Montréal (Québec) H3B 3A7
(514) 954-1633
www.fcdpubs.com

Aux Quatre Points Cardinaux
551, rue Ontario Est
Montréal (Québec) H2L 1N8
(514) 843-8116
www.aqpc.com

Photocartothèque québécoise
5700, 4ᵉ Avenue Ouest, bureau B 200
Charlesbourg (Québec) G1H 6R1
(418) 627-6456
www.mrn.gouv.qc.ca/photocartotheque

La randonnée

Il existe plusieurs centres d'information pour les randonnées en France. Voici quelques adresses intéressantes :

LA PISTE VERTE
37 rue de la République
38250 VILLARD DE LANS
tél. : +33 4 76 94 10 80
fax : +33 4 76 94 10 80
e-mail : info@piste-verte.fr/
http://www.piste-verte.fr/

Randonnée dans les Pyrénées
http://www.multimania.com/jpascual/

**Le Rando-Ring, site d'informations
sur la randonnée en France**
http://www.multimania.com/randoring/

**Rando.net, un excellent site sur le monde
du plein air et de la randonnée en France**
http://rando.net/pages/

Randonnées pédestres en Provence
http://www.provenceweb.fr/f/mag/outdoor/hiking.htm

Vous disposez à présent de beaucoup d'informations concernant les endroits où vous pouvez aller. Certaines de ces sources vous paraissent tout à fait convaincantes, tandis que d'autres vous semblent presque ésotériques. D'autres encore rendent compte d'endroits peu appétissants, les zones marécageuses, par exemple. Avec le temps, vous sauterez de joie et vous remercierez le ciel en découvrant un nouveau site marécageux. Mais au début, vous ferez une moue de dégoût et vous éliminerez d'emblée toute espèce de marais. C'est normal, vous apprendrez.

Et maintenant, retournons dans l'une de ces boutiques de plein air où travaillent des gens sympathiques et faisons quelques emplettes de base. Si vous prévoyez vous rendre dans la forêt en solitaire, allez seul au magazin. Mais si vous partez en famille, eh bien, emmenez votre famille faire les achats avec vous. C'est en vétéran grisonnant que je vous propose cela, en tant que mari, en tant que père et en tant que grand-père. Emmenez la famille !

Mais où aller marcher ? Organisation d'une expédition de base

Évidemment, ce n'est pas ici que nous allons organiser votre première expédition. Nous allons plutôt discuter de certaines notions qui rendront votre premier voyage — ainsi que vos voyages subséquents — plus facile et plus agréable. Ici, il sera question en fait de se préparer au terrain.

La dernière fois que vous êtes allé chez votre détaillant d'équipement de plein air, vous avez peut-être entendu quelques randonneurs chevronnés deviser de ce qu'ils appelaient « une petite randonnée de fin de semaine ». Et vous vous êtes dit : « Hé hé, c'est exactement ce que nous recherchons, mon épouse, mon petit garçon de 10 ans et moi. » Vous vous êtes donc emparé d'un guide et de la carte des sentiers (voir la figure 2) d'une région que vous ne connaissiez pas et, plein de bonnes intentions et pressé d'annoncer la bonne nouvelle, vous vous êtes précipité chez vous.

« Voici, c'est là que nous commençons ! C'est l'aire de stationnement des mouches noires. D'ici, il faut faire 15 kilomètres (seulement 14,3, en réalité) le long de la crête des Maux de dents et par-dessus la butte aux Ampoules jusqu'à la clairière des Défunts Marcheurs. Il n'y a rien là de bien bien compliqué. N'avons-nous pas marché pendant 16 kilomètres la semaine dernière, et sans aucune difficulté ? »

En effet, la semaine dernière, c'était du gâteau. Vous aviez marché sur du plat, le long d'une vieille route de terre, avec un petit sac de trois kilos. Du gâteau donc, facile comme tout, du bonbon. La randonnée vers la clairière des Défunts Marcheurs est sans doute un peu plus courte, mais étudions encore un peu le guide et la carte.

Hem... il semble qu'il y a une dizaine de kilomètres à faire soit en ascension, soit en descente, et que la pente est de 300 mètres par kilomètre et demi environ. Le reste semble plutôt facile, sauf peut-être le terrain entre la crête des Maux de dents et la butte aux Ampoules, qui est rocailleux, et il est vrai qu'il a plu dernièrement.

Hem... à bien y regarder, il ne s'agit pas d'une petite route plate qui traverse la pinède de la Forêt nationale huronne. Pensons-y un peu plus. En fait, séparons le monde de la randonnée en trois grandes catégories : les terrains faciles, les terrains modérés et les terrains difficiles. De cette façon, il n'y aura pas de malentendu entre ce que je trouve facile, moi, et ce que vous trouvez facile.

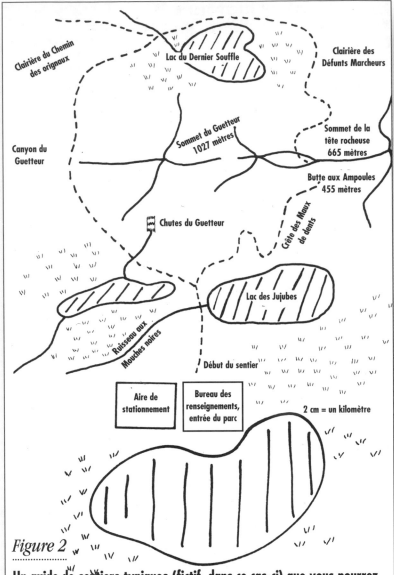

Figure 2

Un guide de sentiers typiques (fictif, dans ce cas-ci) que vous pourrez vous procurer au bureau des renseignements, à l'entrée du parc. Tenez compte en tout temps du type de terrain et du dénivelé. On dirait qu'il s'agit ici d'une petite balade d'une quinzaine de kilomètres, mais le terrain difficile et le dénivelé font en sorte que le circuit est beaucoup plus difficile qu'il n'y paraît.

Terrain facile : un terrain facile est plat, ou presque, et il est très facile d'y rester en équilibre. Les endroits marécageux sont plats, mais on ne peut à aucun moment relâcher son attention ni allonger ses enjambées. Le sable mou est un peu plus facile, mais pas beaucoup. Les chemins forestiers, les sentiers longeant un ruisseau qui ne s'écoule pas dans une pente trop raide, les petites collines sont généralement des endroits où il est facile de marcher, où vous pouvez prévoir un rythme de 3,5 km/h, incluant les pauses. Bien sûr, vous pourriez aller plus vite, mais pourquoi ? Si c'est une course que vous voulez faire, inscrivez-vous à une épreuve de marche rapide, où tous les participants savent qu'ils sont là précisément pour compétitionner. N'imposez pas de compétition ambiguë à vos partenaires de randonnée, surtout s'ils ne s'y attendent pas et qu'ils n'en connaissent pas les règles.

Terrains modérés : j'ai tendance à appeler les terrains faciles des terrains modérés quand je parle à des novices (à moins de m'adresser à des gorilles) dans la mesure où aucun terrain n'est facile quand on n'a jamais fait de randonnée. Toutefois, s'il faut définir un terrain modéré, je dirais qu'il s'agit d'un sentier plutôt stable sous les pieds, et comportant soit une pente raide, soit quelques pentes plus douces.

Si vous foncez, vous pouvez encore parcourir 3,5 km/h sur ce type de terrain, mais il serait plus raisonnable de prévoir 2,5 ou 3 km/h. Cela vous permettra de vous arrêter un peu et de humer le parfum des fleurs.

Ce qui m'amène à vous dire ceci : si vous êtes fatigué, essayez de garder un rythme régulier, de vous concentrer sur la marche et de vous arrêter de temps à autre pour vous rafraîchir. Cela vaudra mieux que d'adopter un rythme très lent sans jamais vous arrêter. Humez le parfum des fleurs et prenez le temps de le humer à fond. Ensuite, vous vous laisserez absorber par la simple et agréable action de marcher.

Terrains difficiles : tout terrain présentant une ascension ou une descente de 150 mètres par kilomètre et demi devrait être considéré comme un terrain difficile. Et ne laissez aucun champion de sentier vous convaincre du contraire. Quand vous serez plus expérimenté, vous remettrez peut-être ma définition en question, vous aussi. Mais pour l'instant, n'en doutez pas. N'en doutez pas non plus en public, ni lorsque vous parlez à des gens qui s'adonnent à la randonnée pédestre en famille.

Le fait est que, dans les régions montagneuses, la plupart des sentiers présentent des ascensions et des descentes d'environ 300 mètres par kilomètre et demi. Ce qui, en termes de pente, s'apparente au fait de monter un très grand escalier, plutôt facile, sauf que le degré de la pente varie constamment. Ainsi, le terrain sera pratiquement plat à certains endroits, tandis qu'ailleurs on aura presque l'impression de monter dans une échelle. Les sentiers « western », qui souvent étaient conçus pour accommoder le passage des chevaux, sont en général moins abrupts. Mais il vous faudra compter beaucoup plus de temps pour parcourir la même distance. On me demandera lequel des 2 chemins est le pire : celui qui fait 15 kilomètres avec une pente de 150 mètres par kilomètre et demi ou celui qui est 2 fois moins long, mais 2 fois plus pentu ? Je ne saurais vous répondre. Personnellement, si c'était possible, je choisirais d'emprunter la plus douce des deux pentes pour la descente. Les descentes en terrain escarpé sont aussi épuisantes, pour les muscles des jambes, que les plus rudes ascensions, d'autant plus qu'on a à transporter sa maison sur le dos.

Sur un terrain difficile, prévoyez une heure par kilomètre et demi environ. Vous aurez encore le temps de vous arrêter un peu pour humer le parfum des fleurs, sauf que vous serez passablement plus essoufflé !

On s'aperçoit donc, une fois admises ces catégories de difficultés, que la promenade jusqu'à la clairière des Défunts Marcheurs n'est pas de la tarte. Il y a une dizaine de kilomètres à faire au rythme de 1,5 km/h environ, et il y en a 3 autres à faire à une vitesse de 2,5 km/h. Ce qui fait neuf heures, jusqu'à maintenant. Mais nous n'avons pas encore compté le dernier kilomètre. Bon, il est facile, mais c'est tout de même encore un autre à faire... Comptons une heure environ. Ce qui fait 10 heures de marche en tout. C'est beaucoup trop pour l'instant. Et ce serait trop d'ailleurs dans toute autre circonstance, à moins qu'il n'y ait une urgence.

Et ces gens, à la boutique de plein air, plaisantaient-ils lorsqu'ils parlaient d'une randonnée facile ? Peut-être bien. Il y a des gens (qui jureront par ailleurs ne pas avoir un esprit de compétition) qui sont bien capables de se vanter de ce genre d'exploit. Ce qui me fait penser à ces kayakistes qui attribueront à tel rapide très difficile un coefficient de difficulté de 2 (alors qu'il est tout à fait clair qu'il s'agit d'un 4), de manière à pouvoir prendre des poses et se donner des airs de héros lorsque vous aurez avalé le bouillon. La bêtise demeurera toujours la bêtise, mes amis. Et il n'existe pas de passe-temps, de profession ou de couche sociale qui soit à l'abri de la bêtise.

Ce qui est plus probable, toutefois, c'est que vous ayez entendu l'un de ces récits de guerre que s'échangent les adeptes et les employés de boutique au retour de leurs congés de fin de semaine. Il faut dire que ce sont des gens très sérieux. Ils n'emportent avec eux que l'équipement minimal superléger haut de gamme, et ils maintiennent une condition physique impeccable pour la randonnée. Si vous leur aviez posé la question, vous auriez appris que ce sont des gens actifs 365 jours par an. Ils font du ski, du canot, du vélo... Ce sont des techniciens aussi, dans la mesure où ils connaissent les techniques les plus évoluées en tout ce qui a trait aux activités biomécaniques. Ils aiment faire les choses comme il faut. En fait, ils parviennent probablement à parcourir la clairière des Marcheurs Défunts en cinq heures, cela en prenant le temps de humer deux fois chacune toutes les fleurs se trouvant sur leur chemin, en plus d'arrêter pour déjeuner et peut-être même pour faire la sieste. Puis, une fois qu'ils ont atteint la clairière, il leur reste suffisamment de temps pour escalader le mur de la crique de la butte aux Ampoules. Bref, ce sont des vrais de vrais.

Mais savez-vous quoi ? Je suis sûr que, si vous partiez faire de la randonnée avec eux, ils marcheraient à un rythme confortable pour vous. Souvenez-vous de cela quand vous serez vous-même devenu un marcheur émérite. Comme le dit le vieil adage, « la classe paraît, même quand il n'y a pas de classe ».

L'équipement de base pour une randonnée dans les bois

Relisons si vous le voulez bien le titre de ce chapitre. Nous parlons d'une randonnée dans les bois, et non d'un trek héroïque le long de la grande arête qui partage les eaux des deux côtés des montagnes Rocheuses. Quand vous en serez là, vous écrirez probablement votre propre livre... En attendant, nous allons passer en revue certaines pièces d'équipement qui sont à la fois durables et conçues pour rendre vos randonnées plus agréables.

Mais revenons encore sur la dernière phrase. Quand je parle d'équipement durable, je ne parle pas de taille, je ne fais pas allusion à la possibilité que cet équipement devienne trop petit pour vous. Je parle de qualité. Car ce vieil axiome voulant que l'on ait à racheter trois et quatre fois un objet de piètre qualité est particulièrement pertinent quand il s'agit de matériel de plein air. Achetez-vous un sac à dos bon marché si vous voulez, mais soyez préparé à ce qu'il fonctionne mal, qu'il ne soit jamais confortable et que vous ayez à le remplacer sans qu'il vous ait beaucoup servi. Mais je ne veux pas non plus vous inciter à acheter le dernier cri des modèles haut de gamme, qui est équipé de pompons et de clochettes. Un jour viendra, peut-être, où ces pompons et ces clochettes pourront vous être utiles. Mais pour l'instant, je doute que vous ayez besoin d'une sangle qui retiendrait votre piolet ou de sangles qui vous permettraient d'attacher des crampons à glace. Ce que vous devriez rechercher, ce sont des objets confortables, dotés d'une belle apparence (parce que les marmottes, ELLES, sont sensibles à la beauté !) et suffisamment solides pour que vous puissiez espérer les garder un bon bout de temps.

Ce que vous devriez rechercher, plus précisément, ce sont quelques articles qui vous rendront la vie plus facile, sur le terrain, ainsi que quelque chose qui vous permettra de les transporter. Ce « quelque chose », on lui donne généralement le nom de musette, de sac de toile ou de petit sac à dos. Mais ce n'est pas du sac dont nous parlerons pour commencer. Pourquoi ? Parce que tant que vous ne vous serez pas fait une idée claire des objets que vous mettrez dans ce sac, il sera tout à fait inutile de parler de sa taille et de sa forme.

Vous n'auriez sans doute pas besoin de mes conseils pour établir une liste des objets à emporter en vue d'une randonnée estivale, automnale ou printanière en forêt. Mais je tiens à vous conseiller quand même.

De l'eau. Il s'agit là du seul article indispensable à toute personne désirant passer quelque temps dans la nature, et cela pour des raisons à la fois évidentes et trop étendues pour que nous les citions ici dans le détail. Dans la mesure où l'on ne peut pas compter s'approvisionner en eau potable près des habitations, et rarement seulement en pleine campagne, il faut soit que l'on en transporte, ou encore que l'on transporte du matériel permettant de traiter l'eau non potable.

Pour une petite balade en forêt, le moyen le plus simple est encore d'emporter un peu d'eau avec soi. Vous aurez donc besoin

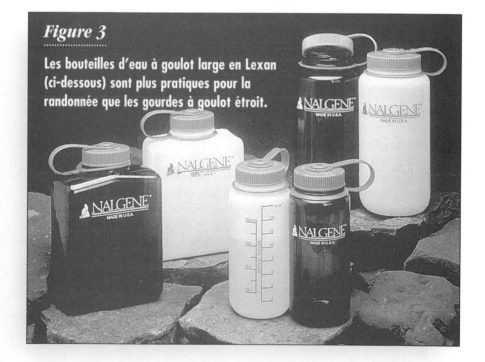

Figure 3

Les bouteilles d'eau à goulot large en Lexan (ci-dessous) sont plus pratiques pour la randonnée que les gourdes à goulot étroit.

d'un contenant. Fouillez les tablettes d'une boutique spécialisée dans le plein air jusqu'à ce que vous trouviez une bouteille en plastique à goulot large qui pourra contenir environ un litre de liquide. Je préfère les bouteilles d'eau en Lexan parce que c'est un matériau moins susceptible que d'autres plastiques de retenir le goût des boissons qu'on y met (voir la figure 3). Pourquoi choisir une bouteille à goulot large ? Parce qu'elle sera plus facile à remplir et qu'il sera plus facile d'y mélanger certaines boissons, comme de la limonade. Enfin, prévoyez une bouteille par randonneur.

Si vous préférez puiser de l'eau le long de votre route, vous devrez emporter un traitement quelconque. Les capsules ou les cristaux d'iode constitueront l'option la moins chère et la plus légère. Si vous avez la fantaisie de transporter un filtre à eau, attendez-vous à débourser entre 40 $ et 250 $. Faire bouillir l'eau peut être un autre moyen efficace, mais il faut prévoir un peu de temps, sans parler du fait que vous n'emporterez probablement pas un réchaud pour une randonnée d'un jour. Mais peu importe le moyen que vous choisissez, prévoyez quelque chose pour traiter l'eau. Si vous ne le faites pas, vous courez un risque qui pourrait s'avérer très sérieux.

La nourriture. Si vous ne souffrez pas d'un désordre métabolique tel que le diabète ou l'hypoglycémie, vous pouvez facilement passer une journée sans manger. Cela ne vous occasionnerait pas le moindre mal. Toutefois, la journée d'une randonnée serait un moment bien mal choisi pour commencer un régime ou un jeûne.

Ce serait aussi un moment mal choisi pour vous livrer à des excès de sucreries ou de *fast-food*. L'exercice modéré que l'on fait en marchant déclenche une production de glycogènes dans le foie, lorsque le corps a épuisé le sucre présent dans le sang. Il devient donc tout à fait inutile de manger deux kilos de chocolat.

Voici ce que j'emporte : du fromage et des craquelins, des raisins ou des abricots secs, une tablette énergétique et une sucrerie quelconque, qui ne risque pas de fondre. Il existe du reste UN chocolat qui ne fond pas : les M&M[md]. Mélangez ces petites pastilles colorées à des arachides rôties à sec, dans un sachet étanche, et vous voilà prêt pour la route !

Rendez-vous service : emballez vos collations dans de petits sachets étanches (Ziploc[md]). Préparez un sachet de fromage, un sachet de craquelins, et puis quelques poignées de fruits secs et du chocolat aussi dans des sachets séparés. Ainsi vous pourrez remballer ce que vous ne mangez pas. Vos denrées resteront fraîches et vous éviterez, une fois rentré chez vous, de retrouver des miettes de craquelins éparpillées partout au fond de votre sac à dos.

Dans les boutiques de plein air, vous trouverez une variété de sachets de nourriture lyophilisée ou déshydratée que vous pourriez avoir envie de préparer en randonnée. Les repas sont parfois un peu extravagants, mais la plupart sont très faciles à préparer. Ici encore, il est important de demander conseil à un vendeur expérimenté qui saura vous aider à cerner vos besoins.

L'avantage de la nourriture lyophilisée ou déshydratée, si on la compare aux denrées que l'on trouve normalement à l'épicerie, c'est son poids. En extrayant son eau d'un aliment, on réduit son poids de plus de 50 % par rapport à sa masse originelle. Bien que le choix de ce genre de nourriture soit avantageux, surtout dans le cas d'un trek de longue haleine, vous aurez peut-être envie d'en emporter même pour une randonnée d'un jour, ne serait-ce que pour ménager votre dos.

Une trousse de secours. Des pansements de qualité, du ruban pour fermer les plaies et des médicaments offerts sans ordonnance formeront l'essentiel d'une trousse de secours fort utile pour les activités de plein air en tout genre.

Il arrive souvent que l'on puisse improviser un traitement en se servant de ce que l'on a sous la main. Mais une bonne organisation et le fait de disposer des articles suivants vous permettront de compter sur ce que la médecine moderne peut offrir de mieux. La plupart des boutiques de plein air tiennent des trousses de survie prêtes à utiliser. *Oudoor Research*, *REI* et *Adventure Medical* sont des marques auxquelles vous pouvez vous fier. Mais vous pouvez bien sûr constituer votre propre trousse. Voici ce qu'il vous faut :

Quantité	Article
2 paquets	Fermetures à agrafes pour pansements
1	Ensemble de pansements *Spenco 2nd Skin*
1	Seringue (permettant l'irrigation des ampoules)
5 paquets	Gaze ultra-absorbante, stérile, 2 plis, 3 po x 3 po, 2/paquet
1	Pansement chirurgical, 20 cm (8 po) x 25 cm (10 po)
2	Rouleaux de gaze stérile *Elastomull*, 5 cm (2 po) x 390 cm (162 po)
1	Bandage élastique de 6 po (pour les foulures aux chevilles ou aux genoux)
10	Petits bandages *Coverlet*, 2,5 cm (1 po) x 7,5 cm (3 po)
1	Ruban de tissu adhésif hypoallergène, 3 cm (1½ po) x 10 mètres
1	Onguent d'hydrocortisone (,5 %). Tube de 1 oz (pour les peaux allergiques)
1	Onguent antibiotique triple. Tube de 30 g (1 oz) (prévient les infections)
1	Savon chirurgical *Hibiclens*, 125 g (4 oz) (prévient les infections)
1	Onguent *Dibucaine* (1 %), tube de 30 g (1 oz) (soulage la douleur localisée)
1	Gouttes ophtalmiques avec tetrahydrozoline (soulage les yeux irrités)
24	Comprimés de décongestif (Actifed)
24	Comprimés d'aspirine ou d'ibuprofène (contre la douleur, la fièvre et l'inflammation)
24	Comprimés de Bénadryl (25 mg) (antihistaminique)
25	Comprimés d'un médicament contre la diarrhée
25	Comprimés d'un médicament antiacide
2 paquets	Cotons-tiges stériles, 2/paquet
4	Épingles de nourrice
1	Antipoison (contre les piqûres d'insectes, les morsures de serpent)
6	Flacons de 30 g (1 oz) (pour y mettre certains des articles énumérés ci-dessus)
1	Contenant (pour y mettre tout ce qui est énuméré ci-dessus)

Évidemment, c'est bien d'avoir une trousse, mais encore faut-il savoir utiliser son contenu. Vous pouvez perfectionner vos habiletés aux premiers soins en suivant un cours offert par la Croix-Rouge ou un organisme public local. Si vous avez envie d'apprendre des techniques médicales plus avancées, sachez qu'il existe d'excellents cours traitant spécifiquement des manières de prodiguer les premiers soins en pleine nature. Pour plus d'information, contactez SOLO, le Wilderness Medicine Institute, le Medical Wilderness Associates ou encore le National Association for Search and Rescue.

L'équipement pour temps de pluie. J'imagine qu'il pleut dans votre coin de pays aussi. Et il y a de fortes chances qu'il pleuvra un jour que vous serez en train de vous balader tranquillement en forêt... La plupart des êtres rationnels se refusent à s'aventurer dans les bois à partir du moment où les forts vents de l'automne balayent les Grands Lacs et que les pluies d'octobre s'abattent sur la plaine. Mais si vous attendez la journée parfaite, celle qui ne présente aucun risque de précipitation, eh bien vous ne marcherez sans doute pas très souvent. Allez, vous n'êtes pas fait en chocolat et vous ne fondrez pas !

Cependant, vous aurez cette impression si votre équipement imperméable ne fonctionne pas bien. Mais je dois dire que cette expression-là, « fonctionne bien », est l'une de ces expressions ambiguës dont abusent les auteurs de livres sur le plein air, soit parce qu'ils négligent d'entrer dans les détails, soit parce qu'ils ne sortent pas assez souvent et qu'ils ne sont pas vraiment au parfum de ce qui se passe dehors. Parce que ce qui *fonctionnera bien* pour moi aujourd'hui ne *fonctionnera peut-être pas bien* pour vous aujourd'hui, et cela même si nous marchons côte à côte.

Il y a une multitude de facteurs qui peuvent entrer en ligne de compte. Ce jour-là, je dépenserai peut-être un peu moins d'énergie que vous, et je transpirerai moins. Il se peut aussi, par exemple, que par temps chaud et humide, je me sente moins indisposé que vous, et que, par conséquent, je sois moins sujet à me laisser déranger par un peu de condensation. Peut-être aussi que je porterai une mince camisole de polypropylène sous mon imperméable, tandis que vous porterez un T-shirt en coton épais qui retiendra l'humidité et qui vous donnera l'impression d'être mouillé. Peut-être aussi que j'aurai pris le temps de faire circuler l'air chaud emprisonné sous mon imper en desserrant un peu mon col, ou peut-être que j'aurai choisi de porter un chapeau plutôt que de relever le capuchon de mon anorak, lequel aurait plus efficacement isolé ma gorge et ma nuque, deux régions critiques pour le maintien de la chaleur. En bref, c'est la combinaison d'un bon équipement et de bon sens qui vous tiendra au chaud. Bien sûr, vous serez sur la bonne voie, avec un équipement approprié, mais l'équipement seul ne suffira pas à assurer votre confort.

On distingue deux grandes catégories en ce qui a trait à l'équipement de pluie : le poncho, d'une part, et la combinaison anorak/pantalon imperméables d'autre part (voir la figure 4). Le poncho est très grand et plutôt facile à aérer, mais il devient très embarrassant lorsqu'il vente et (si vous attendez d'un vêtement qu'il ait plusieurs fonctions) carrément dangereux dans un canoë ou sur un vélo. Les anoraks et les pantalons de pluie sont plus polyvalents ; ils demandent un peu plus de soin, à l'usage, si l'on veut profiter de leurs qualités sur le plan de l'aération. Ce sont aussi des vêtements efficaces contre le vent.

Si je me contentais de faire de la randonnée par temps chaud et que je tenais à ne pas dépenser beaucoup d'argent, j'opterais pour un poncho. Si par ailleurs je cherchais des vêtements plus polyvalents, je me procurerais un anorak et un pantalon de pluie légers et finis en nylon. Je m'assurerais que le capuchon est confortable et je chercherais un

Figure 4

Deux anoraks et un pantalon imperméables.

modèle comportant le moins de poches possible. Je souhaiterais par ailleurs que l'anorak puisse être ouvert aux aisselles, ce qui assure une meilleure aération. Et j'aimerais mieux aussi que le vêtement n'ait pas d'élastiques aux poignets, dans la mesure où ces élastiques rendent l'aération difficile. Je préférerais que le vêtement puisse être serré à la taille avec une corde et que l'avant du pantalon puisse s'ouvrir grâce à une fermeture éclair (pour l'aération encore) et j'aimerais bien aussi de courtes fermetures éclair aux chevilles, pour que je puisse enfiler ou enlever le pantalon sans me déchausser. Je ne me tournerais probablement pas du côté de ces matériaux à la fois imperméables et qui respirent (comme le Gore-Tex), à moins d'avoir envie de faire plusieurs longues randonnées par temps frais et froid. Je préférerais probablement un de ces matériaux avant tout imperméables comme le *Activent* ou le *DWR* (en anglais : *Durable Water-Repellent* : fini imperméable résistant), parce que ce sont les matériaux les plus polyvalents.

Comparaison de divers matériaux imperméables

Gore-Tex

AVANTAGES	DÉSAVANTAGES
Imperméable, matériau qui respire, excellente construction, idéal pour les temps frais ou froids.	Matériau qui coûte très cher et qui convient moins bien par temps chaud.

Activent / DWR

Imperméables (d'habitude), matériaux qui respirent et qui coûtent moins cher que le Gore-Tex.	Plus chers qu'un poncho, parfois pas complètement imperméables.

Plastique

Ne coûte pas cher.	Ne permet pas l'évacuation de la transpiration, matériau qui ne respire pas du tout, bref, qui ne vaut pas grand-chose.

La randonnée

Les vêtements pour temps frais : on peut trouver dans ses tiroirs des vêtements qui conviennent à la plupart des randonnées. L'été, il suffit d'emporter un léger pull en plus d'un short ou d'un pantalon ample et confortable. Prenez note que les jeans et les shorts en denim ne répondent pas à ces deux derniers critères. Ce sont des vêtements qui ne sont pas conçus pour la marche et qui absorbent l'eau presque aussi bien qu'une éponge.

Si vous aimez les vêtements techniques (et si vous aimez les trucs qui fonctionnent bien), procurez-vous un maillot de corps en polypropylène, et un blouson ou un pull en laine polaire. Le combinaison maillot de corps/laine polaire est très confortable, même par temps plus frais. Ces matériaux respirent bien et ils sont particulièrement pratiques le matin et au crépuscule, et cela même par temps chaud. Petit conseil : le maillot en polypropylène devrait avoir des manches longues : il constitue une assez bonne protection contre le soleil, sans être chaud quand on le porte seul. Comment me suis-je rendu compte de cela ? À l'occasion d'une expédition de deux semaines en canoë (ponctuée de nombreuses explorations terrestres) dans les Everglades, en Floride. Eh oui, des sous-vêtements d'hiver dans une zone subtropicale !

Que le temps soit au chaud ou au froid, il y a une règle d'or à ne pas oublier en randonnée : le coton n'est bon à rien. Même lors d'une journée chaude, il n'est pas rare qu'on prenne froid lorsqu'on s'assoit quelque temps et qu'une faible brise s'infiltre sous une chemise en coton trempée. Le coton absorbe l'humidité et il est long à sécher. Il a le défaut aussi de coller à la peau, ce qui empêche la circulation de l'air entre les vêtements et le corps. Et c'est cette circulation d'air qui nous tient au chaud. Sans elle, nous prenons froid. Ainsi, il est possible de souffrir d'hypothermie même par une température de 10 °C. Réfléchissons et laissons nos vêtements de coton à la maison.

Une boussole. Vous en aurez besoin, même si ce n'est pas tout de suite. D'autant plus qu'une boussole, quand on a un peu de temps à perdre, c'est encore plus amusant qu'une bonne pierre à aiguiser ! Et qui peut dire quand il aura besoin d'un couteau bien tranchant ou de ces mystérieuses connaissances sur les cartes et les boussoles qu'il aura perfectionnées en prenant le café...

Procurez-vous une boussole montée sur une plaquette transparente, de celles que l'on peut poser sur une carte, ce qui permet une orientation sérieuse. Oubliez les petites boussoles rondes aux aiguilles frétillantes. Elles sont moins précises et plus difficiles à utiliser. Pour 15 $, vous pourrez vous procurer un instrument à la fois très fiable et très précis.

Votre équipement personnel. Il s'agit encore ici d'une de ces catégories fourre-tout qui recouvrent à peu près n'importe quoi, qu'il s'agisse d'un appareil photo ou d'un rouleau de papier hygiénique. Pour une randonnée d'une journée, emportez, en plus du nécessaire, des articles susceptibles de rendre la balade plus enrichissante. Mais si vous partez plus longtemps et que vous avez à traîner votre maison sur votre dos, sachez modérer vos caprices, à défaut de quoi vous vous retrouverez vite avec 20 kilos de joujoux superlégers en trop sur le dos.

Voici des articles pratiques à emporter pour une petite balade en forêt, pas trop loin de chez soi : des lunettes de soleil, un baume à lèvres (15 d'indice de protection solaire), un écran solaire, un anti-moustiques (dont je ne me sers que très rarement), un canif, des jumelles (les miennes sont vieilles, épaisses et très encombrantes ; il y en a de très légères et petites), un guide d'ornithologie et un guide des fleurs sauvages, ainsi qu'un stylo et un petit calepin. Pour moi, une promenade en forêt est une occasion d'exploration à la fois extérieure et intérieure. Quant à vous, vous préférerez peut-être emporter un Frisbee et un harmonica. Peu importe, en autant que vous n'oubliez pas l'anti-moustiques, les lunettes de soleil, l'écran solaire et le baume à lèvres !

Mais où mettre tout ça ? Dans un sac à dos, bien sûr. Mais pas dans le sac à dos que vous utiliseriez pour un séjour d'une nuit ou de plusieurs jours. Pour les excursions d'un jour, vous aurez besoin d'un plus petit sac à dos, pouvant contenir tout ce que vous emportez et un peu plus, en prévision de vos randonnées hivernales (voir la figure 5).

Nos enfants ont grandi, ils ont fait leurs malles et ils ont emporté avec eux la plus grande partie de leur équipement. Désormais, Molly et moi parcourons seuls la campagne environnante. Nous avons le choix entre des sacs à dos de taille petite ou moyenne, et d'habitude nous en prenons chacun un petit. Par temps plus frais, l'un de nous emportera un sac plus volumineux. L'hiver, nous prenons un grand sac à dos si nous prévoyons préparer sur place un repas chaud.

Celui qui désire acheter un sac à dos de petite ou de moyenne taille a le choix entre une formidable variété de modèles dans une gamme de prix très étendue. Essayez de garder à l'esprit les détails qui suivent lorsque vous irez dans les boutiques.

1. Les accessoires spéciaux ne sont utiles que dans la mesure où vous comptez les utiliser.

2. En général, une armature est superflue dans le cas d'un petit sac à dos. Par contre, la présence d'un coussinet cousu à l'intérieur du sac l'aidera à conserver sa forme plus longtemps. Ce rembourrage facilitera aussi le transport des objets et protègera votre dos contre les coins probablement incisifs de votre guide d'ornithologie. La volonté de confort n'est PAS un attribut de mauviette. Pensez au dicton classique du vieux Nessmuk, qui vivait au tournant du

Figure 5

Un petit sac à dos

siècle : « Nous n'allons pas dans les bois pour y chercher la vie dure. Nous y allons pour trouver la vie douce. La vie est déjà assez dure en ville. »

3. Même la plus mince des ceintures donnera plus de stabilité au sac, en plus de minimiser les tressautements. Quand vous ne transporterez que cinq kilos, vous n'aurez pas à vous rappeler les formules magiques du genre « transférer le poids vers les hanches ».

4. Les sangles du sac doivent impérativement être bien rembourrées.

5. Une multitude de petites pochettes et de fermetures éclair donneront peut-être à un sac un air très sérieux, mais ces gadgets sont souvent moins utiles qu'embarrassants. Cependant, les sacs divisés en deux compartiments (haut et bas) valent bien leur prix. Sur les plus grands sacs, une poche sur le rabat, ainsi que les poches sur l'avant et les côtés du sac (assurez-vous qu'elles sont assez grandes pour contenir vos bouteilles d'eau, ou changez de bouteilles d'eau) sont fort pratiques.

6. Le prix d'un sac à dos dépend des matériaux dont il est fait et du temps qu'il a fallu pour le coudre (et je veux dire par là sa *complexité*). En général, la qualité dépend du prix que l'on est prêt à payer.

7. Souvenez-vous que vos enfants se plaindront, en randonnée, si vous leur donnez des sacs minuscules — et ils se plaindront

encore plus si vous ne leur donnez pas de sac du tout. Permettez-leur de participer à l'aventure au lieu qu'ils se sentent comme un fardeau. Ainsi, si vos enfants marchent avec vous, achetez aussi des sacs à dos pour les enfants (voir la figure 6).

Étrangement peut-être, la deuxième pièce d'équipement la plus importante pour la randonnée (après votre tête), ce n'est pas votre chambre à coucher, ni votre cuisine, ni même votre sac à dos. Il s'agit plutôt de ce que vous porterez aux pieds, soit bien plus qu'une simple paire de bottes. Et si nous ne parlions pas de bottes lorsqu'il était question d'une simple journée de marche en forêt, c'est parce qu'une telle balade ne nécessite qu'un minimum d'équipement et qu'on peut s'y adonner avec des chaussures ordinaires. Pour les terrains spéciaux, cependant, il faut songer tout au moins à l'achat de chaussures spécialisées. Et quand on en vient à trimbaler par monts et vallées de 20 à 25 % de son poids sur son dos, il faut faire davantage que d'y « songer », à moins qu'on ne soit à la fois jeune, fort, insensible à la douleur et qu'on se sente immortel. Ainsi... allons voir des modèles de bottes de marche. Et quelle est la meilleure façon de marcher !

Les bottes. Le mot « bottes » évoque quelque chose de solide et de sérieux. Il y a bien sûr les « souliers », mais ce sont là des objets conçus pour enjoliver nos pieds et les protéger des crottes de chiens ou des éclats de verre. Les « bottes » sont conçues pour donner du confort à nos

Figure 6

pieds et pour leur fournir une assise solide aux moments où nous décidons d'aller nous balader. Entre « bottes » et « souliers » donc, il y a un fossé important.

Il fut un temps où les bottes étaient faites de cuir, intégralement, fût-il souple ou rigide. Il n'y avait pas d'autre option. Elles pesaient environ 2,5 kg la paire, elles étaient impossibles à user, elles nécessitaient toutes sortes de soins et elles étaient pratiquement indestructibles. Ça, c'était à l'époque. En 1968, une paire de bottes d'une telle qualité était peu coûteuse. Aujourd'hui ? N'y pensez même pas.

Mais au fond, il n'y a peut-être pas grand-chose à regretter. Je crois que nous avons un peu trop célébré la « superbotte », à l'époque. Il est vrai que les bottes légères n'auraient pas semblé assez héroïques... Car les *vrais* hommes ne portaient que de *vraies* bottes, n'est-ce pas ?

J'ai encore une paire de *vraies* bottes, faites à la main dans les ateliers de Galibier, en France. Ce sont des joyaux. Mais à moins que je ne parte escalader un terrain glacé ou enneigé, sur lequel j'aurais besoin de crampons, vous ne verrez jamais ces bottes à mes pieds. Elles sont vraiment trop imposantes !

De nos jours, le critère le plus important en matière de bottes de marche, c'est qu'elles soient confortables, qu'elles nous aillent bien. Bien sûr, vos bottes ou vos chaussures de marche devraient être assez solides pour qu'elles ne vous fassent pas défaut lors d'une randonnée. Bien sûr, elles devraient fournir une protection efficace à vos pieds. Eh oui, elles devraient vous fournir une assise solide lorsque vous marchez ou que vous courez. Mais elles n'ont pas à être à l'épreuve des bombes, elles n'ont pas à être indestructibles et elles n'ont pas non plus à être imperméables.

En fait, il y a eu ces dernières années une véritable révolution dans le domaine des bottes et des souliers conçus pour le plein air. Les manufacturiers s'inspirent de la technologie mise au point pour la fabrication des chaussures de sport pour produire les bottes de randonnée à la chaîne, dans des usines. Ce sont des bottes légères et confortables dès qu'on a glissé le pied dedans. Elles sont élaborées par des concepteurs qui travaillent avec des ordinateurs pour étudier ce que les pieds endurent, au juste, quand leurs propriétaires entreprennent l'ascension d'un sentier escarpé avec un sac sur le dos. Ce sont des chaussures efficaces. Et leur durée de vie, me demanderez-vous ? Peu importe...

Mais permettez-moi de m'étendre un peu sur cette question. Quand j'y pense, je ne vois que deux activités sportives où l'on insiste davantage, bien souvent, sur la durabilité de l'équipement que sur son efficacité : ce sont le canoë et la randonnée. Ce genre de conception me laisse fort perplexe. Et je suis encore plus perplexe de constater, dans le jargon de l'aventurier moyen, que le mot « performance » est aussi dévalorisé que les mots « chic » ou « stylé ». Eh bien, merci beaucoup, mais très peu pour moi ! Je partirai plutôt avec une tente ultralégère, même si elle nécessite plus d'entretien et en dépit du fait qu'elle ne supportera peut-être pas un vent de force 9 sur le sommet de l'Everest.

Merci bien, mais je prendrai le canoë rapide qui pèse moins de 25 kilos, et malgré le fait qu'il soit un tantinet moins robuste qu'une grosse embarcation en plastique. Merci, mais j'emporterai les skis de fond ultra-légers, qui conviennent à mes besoins beaucoup mieux que ces troncs d'arbre aplatis, capables de soutenir n'importe quel impact. Pourquoi ? Parce que l'équipement léger, conçu pour permettre de bonnes performances et mieux répondre à nos besoins est plus agréable à utiliser, tout simplement. Il faut peut-être un peu plus d'habileté — et peut-être même beaucoup plus d'habileté — pour en arriver à planter sa tente dans un endroit abrité, à éviter les rochers en canoë (car oui, il est *possible* d'éviter les rochers) ou à éviter un arbre en ski. Mais après tout, le moindre geste de notre quotidien ne nécessite-t-il pas une quelconque habileté ? À moins que vous n'ayez l'habitude d'immobiliser votre voiture en la faisant rebondir contre la porte du garage...

Procurez-vous donc des articles bien faits, légers et agréables à utiliser. Apprenez à vous en servir. En procédant de cette façon, vous retournerez de plus en plus souvent dans la nature et vos sorties deviendront de plus en plus agréables. Achetez-vous des objets lourdauds ou de moins bonne qualité et vous apprécierez moins vos sorties, à moins bien sûr que vous ne soyez masochiste.

Choisir la bonne botte

- Choisissez une botte à la fois robuste et légère.
- Avant d'essayer les bottes, enfilez les chaussettes que vous prévoyez porter lors de vos randonnées.
- Assurez-vous de pouvoir remuer les orteils au fond de la botte. Si vous n'y arrivez pas, c'est qu'elles sont trop petites.
- Assurez-vous que la botte est bien confortable au talon.
- Vérifiez que la languette de la botte remonte confortablement jusqu'au sommet de votre pied.
- Assurez-vous que la largeur de la botte est adaptée à la largeur de votre pied.

Figure 7

Botte légère

Botte semi-légère

Botte lourde

Vous aurez intérêt à choisir une botte de marche légère ou semi-légère. Et comme il existe une gamme fort étendue de prix et de modèles, demandez conseil dans une boutique de plein air ; un vendeur pourra vous aider à trouver la botte qui vous conviendra le mieux. Voyez à la figure 7 des exemples de bottes de marche légères, semi-légères ou lourdes.

L'équipement pour les pieds : un concept large. La botte de marche n'est que l'un des éléments d'un ensemble. En général, avant d'acheter une paire de bottes (ou de souliers de n'importe quel genre), vous les essayez avec les chaussettes que vous prévoyez porter, à défaut de quoi la botte ou le soulier risque de moins bien vous aller. Les chaussettes sont donc elles aussi une partie intégrante de cet ensemble qui est censé protéger vos pieds. Et à moins que vous ne marchiez fréquemment dans des conditions chaudes et humides, songez à porter une chaussette assez épaisse (personnellement, je préfère le *stretch rag wool*, une laine brute, par-dessus une chaussette très mince (un composite de laine et de polypropylène), par exemple) (voir la figure 8). Pourquoi cette combinaison de deux chaussettes ? Parce que, bien que les bottes légères, de nos jours, soient très flexibles et confortables, la plupart d'entre nous manquent de rigueur en les laçant. Ainsi les bottes ont tendance à bouger un peu autour de nos pieds. Aussi, en ne portant qu'une chaussette, la botte et l'extérieur de la chaussette ont tendance à bouger ensemble, ce qui entraîne une friction dans les régions des talons et du dessus des orteils, à l'extrémité des métatarses. Par contre, si l'on porte une chaussette légère en dessous, celle-ci collera au pied. De sorte que lorsque la botte bougera, la friction surviendra entre les deux paires de chaussettes plutôt qu'entre les chaussettes et la botte. Et pour ma part, il m'est bien égal d'avoir des ampoules aux chaussettes !

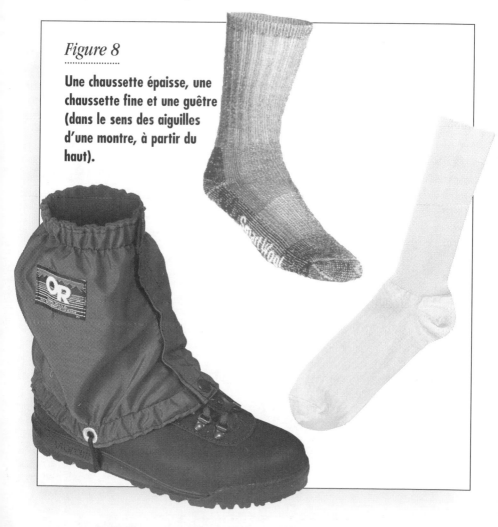

Figure 8

Une chaussette épaisse, une chaussette fine et une guêtre (dans le sens des aiguilles d'une montre, à partir du haut).

Mais l'équipement pour les pieds ne comprend pas que les bottes et les chaussettes. Si la tendance actuelle en ce qui a trait aux bottes de marche est aux bottes légères (qui sont parfois moins imperméables et qui protègent moins efficacement les pieds que les bottes d'autrefois), il nous incombe de trouver des moyens qui permettront de mieux protéger nos pieds sans pour autant ajouter trop de poids. Souvenons-nous d'une pièce d'équipement qui était très populaire autrefois auprès des randonneurs et des fondeurs, à l'époque où, ironiquement, les bottes étaient plus lourdes. Je veux parler de la guêtre (voir la figure 8). Il s'agit d'un morceau de nylon tubulaire et imperméabilisé, assorti d'une fermeture éclair ou d'une bande de Velcro cousue sur un côté, ainsi que d'une cordelette qui passe sous la semelle de la botte. La guêtre couvre le dessus de la botte et elle protège le pied contre la pluie, les tiques, le sable, les cailloux et autres choses qui peuvent transformer une marche en corvée. Les guêtres (coupées basses pour les randonnées estivales, automnales ou printanières) valent bien leur pesant d'or. Ne partez pas sans elles.

La maison que vous habiterez

La maison que vous habiterez, le long des sentiers, est un ensemble comprenant une tente, une toile, un tapis de sol, un matelas de sol et un sac de couchage. Mais avant de parler de tout cet équipement et de son utilisation, je me permets un préambule qui consiste en deux affirmations toutes simples.

Premièrement, la maison que vous habiterez constituera sans doute la pièce la plus lourde de tout votre équipement. Deuxièmement (et c'est tout à fait logique), plus votre maison sera légère et plus elle sera facile à transporter.

La tente. Il vous faudra une petite tente à deux places, ou plus grande si vous prévoyez partir en famille. Il pourra s'agir d'un tente à armature en A modifiée (avec des montants courbés en forme de A à l'avant et à l'arrière, ainsi qu'un montant unique à l'arrière), d'une tente en forme de dôme (qui se laisse bien habiter, dans la mesure où elle offre davantage d'espace à la verticale) ou encore d'une tente à cerceaux, en forme de tunnel (voir la figure 9). À moins que vous ne prévoyiez camper sur la crête Catenary du mont Logan (ou dans quelque autre endroit aussi extrême), vous n'aurez sans doute pas besoin d'une tente pouvant résister à des vents de 60 nœuds.

Je me permets ici une petite digression sur le vent. J'habite l'un des très rares endroits de ce pays où la production d'énergie éolienne est à la fois possible et économiquement rentable. En moyenne, la puissance du vent ici se situe entre 10 et 20 nœuds. En automne, ces vents extrêmes que Gordon Lightfoot appelait « les terribles vents de novembre » (bien qu'il arrive qu'ils soufflent d'octobre jusqu'en décembre) sont une réalité quotidienne. Et je me souviens d'une journée ici, sur les rives du lac Huron, où les

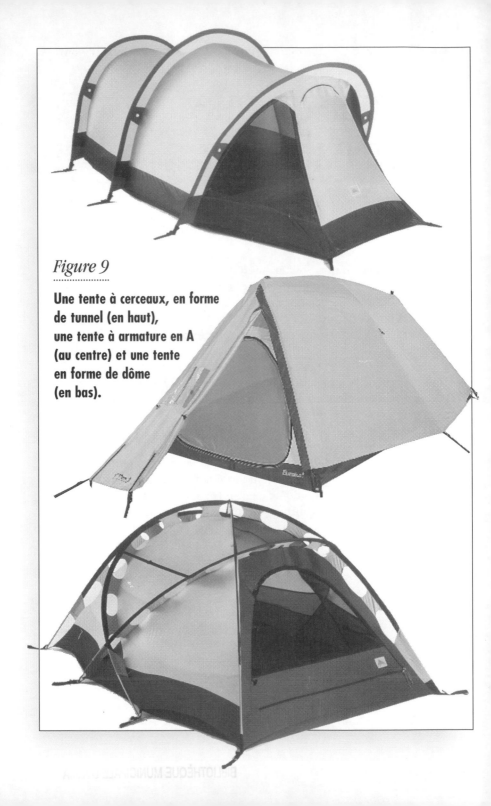

Figure 9
....

Une tente à cerceaux, en forme
de tunnel (en haut),
une tente à armature en A
(au centre) et une tente
en forme de dôme
(en bas).

vents soufflaient à plus de 60 nœuds. On ne badine pas en parlant de vents qui soufflent à 60 nœuds (et on ne devrait pas non plus accorder une confiance aveugle à ceux qui se targuent d'en avoir connus) tant qu'on ne les a pas vécus soi-même. La probabilité, du reste, que l'on rencontre un tel vent dans le creux d'une vallée et en terrain boisé est si faible qu'on n'en fera même pas état.

En bref, donc, il n'y a que trois facteurs qui devraient influencer le choix d'une tente : l'espace, le poids et les qualités pratiques. Ces caractéristiques sont toutes intimement liées, mais considérons-les tout de même séparément.

Il n'y a pas grand-chose à dire sur l'espace. Rappelez-vous seulement que votre corps occupe les trois dimensions. Ma femme et moi, par exemple, ne sommes peut-être plus aussi minces que nous l'étions naguère, mais nous avons encore des silhouettes très allongées et nous pouvons cohabiter assez confortablement dans une tente étroite. Cependant, nous avons besoin de plus d'espace vertical qu'un autre couple, ce qui fait que nous sacrifierons volontiers un peu d'espace en largeur pour un peu plus d'espace en hauteur et en longueur, à moins que cette hauteur et cette longueur n'ajoutent trop de poids à la tente. L'espace est aussi un facteur d'aération. Ainsi, vous trouverez sans doute plus spacieuse une petite tente munie de grandes moustiquaires et offrant une bonne aération qu'une tente plus grande, mais présentant de moins bonnes qualités d'aération. Souvenez-vous aussi qu'une tente plus foncée semblera plus petite. Par ailleurs, certaines personnes préfèrent une tente plus petite. Ce sont des gens qui recherchent cette impression de petite caverne sèche, sûre et douillette. D'autres ont besoin d'espace. Mais comment déterminer ce que vous préférez, vous ? Rendez-vous dans une boutique de plein air et entrez dans les tentes qui vous intéressent. Si vous prévoyez faire de la randonnée avec votre partenaire, eh bien allez-y ensemble. Il est important que vous vous mettiez tous les deux d'accord sur les qualités d'une tente. Et de grâce, ne vous laissez pas trop épater par les petits gadgets techniques.

Il faut toujours tenir compte du poids, peu importe la pièce d'équipement dont il s'agit. Nous avons déjà établi qu'une tente n'avait pas à être à l'épreuve de tout, dans la mesure où vous ne campez que très rarement sur les falaises exposées aux grands vents, et parce que, j'imagine, vous êtes un adulte qui sait prendre soin de ses jouets. Une tente indestructible ne devrait donc pas être une priorité.

L'équation est simple : plus une tente sera grande, plus il faudra de tissu pour la construire et plus il faudra de montants pour la soutenir. Certains modèles de tente permettent l'emploi de montants *Easton* 7075 T9 (en aluminium), ce qui allège le poids d'ensemble d'environ un kilo. Et n'hésitez pas à débourser un peu plus, vous ne le regretterez pas. Ce n'est sans doute pas en vous disant « eh bien, elle pèse peut-être 2,5 kg de plus, mais j'ai économisé » que vous vous consolerez lorsque, au beau milieu d'un orage, vous n'aurez parcouru que la moitié du chemin.

Alors, quel serait le poids acceptable pour une tente à deux places, résistante aux intempéries et un peu plus pratique qu'une niche portative ? Je dirais environ 2,5 kg tout inclus, la tente, le rabat, les montants, les piquets et le sac de rangement.

Quant aux qualités pratiques de la tente, c'est vous qui déciderez en fonction de vos besoins. Mais vous ne déciderez que lorsque vous aurez monté et démonté la tente plusieurs fois, à l'intérieur de la boutique. Si vous avez le pressentiment qu'à trois heures du matin, quand vous vous ferez réveiller par la pluie encore tout engourdi de sommeil, que vous ne vous habituerez jamais à telle fermeture éclair géniale, conçue spécialement pour les temps orageux, eh bien faites une croix sur la tente en question ! S'il faut prévoir des heures pour monter tel autre modèle, ou si tel autre vous force à composer avec quatre ensembles de montants différents, qui ne se distinguent les uns des autres que par 3 cm en longueur et qu'il est pratiquement impossible de les différencier avant que la tente ne soit complètement montée, ne l'achetez pas non plus.

Et il m'est bien égal que telle autre tente ait un *look d'enfer*. Si vous êtes terrifié à l'idée de devoir la monter par gros temps, ne l'achetez pas. Compris ?

Choisir une tente :
ce que l'on devrait garder à l'esprit

◆ La plupart des tentes, de nos jours, ont un assez grand vestibule (voir la figure 10) ou encore une extension du rabat prévu pour la pluie. On peut y faire la cuisine quand il pleut, y ranger ses bottes sales et même son chien, s'il est trempé ! Ainsi, choisissez une tente possédant un vestibule spacieux et solide.

◆ Les montants en aluminium sont plus légers.

◆ Les entrées et les fenêtres à moustiquaire devraient être assez nombreuses pour assurer une bonne aération.

◆ La tente devrait être assez spacieuse pour que vous et les personnes que vous prévoyez y loger (sans oublier l'équipement) puissiez y passer une nuit confortable.

◆ La tente devrait être munie de quelques pochettes de rangement (pour que vous puissiez garder à portée de la main une lampe de poche, vos lentilles cornéennes, etc.).

◆ Accordez une attention particulière au poids de la tente. Souvenez-vous que vous aurez à la porter sur votre dos toute la journée.

Monter la tente. Vous souvenez-vous de ce que tous ces livres sur le camping et la randonnée vous ont rabâché sur le type d'endroit où l'on devrait planter une tente ? En voici un exemple, au cas où tout cela vous aurait échappé, ou au cas où vous auriez besoin de rire un bon coup.

« Cherchez un endroit sec et surélevé, herbu sans être tourbeux, exposé au levant (afin que le soleil du petit matin vous réjouisse) et ombragé (mais pas sous des arbres qui pourraient s'écraser sur la tente ou attirer la foudre sur vous pendant un orage). De plus, le site devrait être près d'une source d'eau potable et on devrait trouver du bois à brûler à foison dans les parages. »

Il n'y a sur tout le continent qu'une poignée d'endroits qui répondent à ces critères sans coûter une fortune le mètre carré sur le marché immobilier. Au Canada, ces endroits sont peut-être un peu plus nombreux, et c'est une bonne nouvelle. Mais la mauvaise nouvelle, c'est que vous aurez à marcher 300 km en moyenne pour vous y rendre, sans parler du fait que pour accéder à la majorité, vous aurez aussi à escalader des parois glacées de 3000 mètres de haut.

Mais où donc, en ces jours où les sentiers de randonnée sont encombrés, et alors que les espaces réservés au camping sont bondés, peut-on planter sa tente ? *N'importe où, chers amis, du moment que vous trouvez un endroit plat !*

Voici le véritable problème : nous avons tous tendance à exagérer la puissance de séduction des grandes chaînes de montagnes. Nous sommes tous à la recherche des endroits magiques et nous cherchons tous à piétiner les sentiers des sites légendaires. Cette attitude, nous l'avons aussi quand nous partons faire du ski ou du canoë. Et c'est vrai, ces endroits sont vraiment superbes. Il n'y a aucun doute.

C'est ce qui explique en partie, d'ailleurs, comment ils ont acquis de telles réputations. Cependant, souvenez-vous que les endroits légendaires le sont devenus souvent grâce à une bonne campagne de publicité ou parce qu'ils se situaient à proximité d'une zone urbaine importante. Cela a certainement favorisé le tourisme dans les White Mountains, les Appalaches, et les Adirondacks. Et ce sont les médias qui ont contribué, dans l'ouest des États-Unis et du Canada, à gonfler la cote de popularité de certains sites importants. Mais je peux tout aussi bien sortir de chez moi et me rendre à pied dans les parcs forestiers hurons et Manistee de la péninsule du Michigan, où des sentiers extraordinaires traversent des forêts de pins, des dunes et des marais. Et ce qu'il y a de mieux encore, c'est qu'il n'y a personne. C'est là, du reste, que l'on peut trouver deux des sites idéaux dont nous parlions tout à l'heure.

Bien sûr, une balade dans les forêts de pins du Michigan, ce n'est pas la même chose que de découvrir à pied le Indian Henry's Hunting Ground, le long du Wonderland Trail, où l'on peut admirer le mont Rainier au nord-est et puis, juste en face, la vallée de Tahoma Creek et le Emerald Ridge. En fait, je me demande s'il y a un autre endroit dans le monde qui offre une expérience pittoresque aussi constante et variée que le Wonderland Trail. Mais nous ne partons pas en randonnée uniquement pour le spectacle. En fait, le Shore-to-Shore Trail, dans le Michigan, n'offre pas de perspective éblouissante. Mais on peut y admirer des oiseaux à profusion, et d'une grande diversité ; la faune et la flore varient tous les 10 mètres, et bien que l'on croise principalement des pins, on en vient à mieux l'apprécier, ce bon vieux *pinus banksiana*. On le compare peut-être à une mauvaise herbe dans certaines régions du globe, mais ici, à mi-chemin entre l'équateur et le pôle Nord, c'est ce qui pousse, et on apprend à l'aimer. Il y a de ces petits endroits tranquilles dans le monde où l'on se livre à une profonde introspection plutôt que de porter son regard au loin. Mon Michigan est l'un de ces endroits. La côte de la Géorgie et les Everglades en sont d'autres.

Il y a fort à parier qu'il y a aussi de tels endroits tout à côté de chez vous. Partez à la découverte des environs et vous trouverez fort probablement un site plat, bien aéré et sec où planter votre tente. S'il n'y a pas d'eau potable, vous trouverez au moins de l'eau.

Donc, si une occasion de découvrir un endroit légendaire se présente, ne la laissez pas passer. Mais de grâce, n'allez pas vous imaginer que ces endroits de rêve sont les seuls où l'on puisse faire de la randonnée. On peut faire de la randonnée partout.

Mais que faire si nous ne trouvons pas d'endroit idéal où planter notre tente ?

Peu de chose, en fait, et particulièrement si nous acceptons l'idée que la tente n'est qu'un abri pour passer la nuit, pas une demeure permanente. Si votre tente vous sert de camp de base pour des randonnées d'un jour, vous aurez peut-être intérêt à fouiller un peu plus pour trouver un bon site, dans la mesure où vous aurez peut-être envie d'y passer une journée à un moment donné pour lire un peu et vous ressourcer. Mais notez qu'il vous serait loisible aussi de vous déplacer de 100 ou 200 mètres sans effort, avec votre livre et votre matelas de sol, pour vous installer au soleil sur une belle grosse roche plate...

Essayez tout de même de trouver le meilleur site possible.

Pour moi, si le ciel n'est pas menaçant, le sol où je planterais ma tente devrait idéalement être plat et bien lisse. En cas de pluie, je choisirais plutôt un endroit sec et surélevé.

Toutefois, je serais bien en peine de trouver un site « plat et bien lisse » (même quand j'aurais dégagé quelques objets comme des cailloux et des branches) si le sol lui-même n'était pas « plat et bien lisse ».

Par contre, il y a certaines choses que l'on peut faire pour garder sa tente au sec dans un endroit mouillé. Plusieurs choses, en fait.

D'abord, il faut s'assurer d'avoir scellé, à l'intérieur de la tente et sous l'auvent, toutes les coutures exposées à la pluie et au sol que pourrait emporter le vent. Il ne s'agit pas d'une tâche bien pénible. Choisissez une belle journée, montez la tente et faites-le en prenant votre temps. Soyez méticuleux et essayez d'apprécier le temps que vous passez à vous occuper de cette amie fidèle que sera votre tente.

Toutefois, pour être bien honnête, l'imperméabilisation des coutures n'est pas efficace à 100 %. Mais c'est une mesure qui ne pourra pas faire de tort ; elle vous donnera une chance, pour ainsi dire, et vous serez sans doute à même de contrôler son efficacité.

Voilà ce que vous ferez chez vous. Mais une fois sur le terrain, vous aurez aussi à faire ceci : en prévision d'un week-end pluvieux ou d'un voyage plus long, emportez une toile en plastique d'une épaisseur de quatre millimètres environ (que vous trouverez dans n'importe quelle quincaillerie) dont la surface totale sera plus grande que celle du

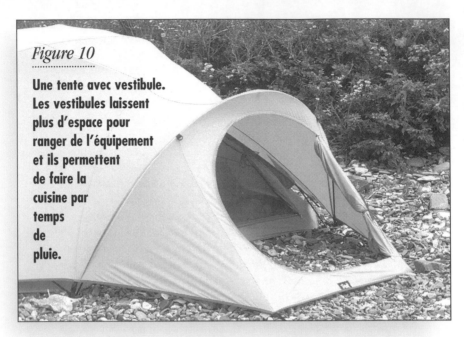

Figure 10

Une tente avec vestibule.
Les vestibules laissent
plus d'espace pour
ranger de l'équipement
et ils permettent
de faire la
cuisine par
temps
de
pluie.

plancher de votre tente. Ou bien emportez un morceau de taffetas de nylon imperméabilisé (ce matériau léger ne pèse que cinq grammes par mètre carré, environ, ce qui est négligeable) de dimensions semblables et servez-vous-en comme tapis de sol. Mais pas comme d'un tapis de sol ordinaire ! Ce tapis de sol-ci ne se place pas sous la tente, mais plutôt *dedans*. Pourquoi ? Parce qu'une fois le tapis de sol disposé à l'intérieur de la tente, l'eau ne pourra pas s'infiltrer entre le plancher de la tente et le tapis. Autrement, l'eau traversera complètement le plancher de la tente et inondera votre chambre à coucher. Ainsi, on installe le tapis de « sol » dans la tente, comme un tapis. Vu ?

En troisième lieu, il s'agira *exclusivement* d'un travail de terrain. Si le temps s'annonce pluvieux, assurez-vous d'avoir solidement installé l'auvent de la tente. Attachez-le aux piquets de manière à ce que le tissu soit bien raide. Ainsi, vous tendez le tissu au maximum et vous serrez les courroies le plus solidement possible. Il faudra que l'auvent soit tendu au point où les gouttes de pluie feront « ping » en rebondissant dessus et où elles s'écouleront sur les côtés sans qu'il soit possible qu'elles glissent dans un pli ou qu'elles forment une poche d'eau sur le dessus de la tente. Si l'eau ne s'écoule pas, elle fera s'affaisser le tissu. Et si l'auvent s'affaisse sur la tente, il y a de fortes chances que l'eau s'y infiltre. À ce moment-là, vous aurez un problème !

Et voilà à peu près tout ce que vous avez besoin de savoir sur la manière de monter une tente. Je dis bien *à peu près*. Si votre tente est neuve, vous aurez intérêt à vous habituer à la monter quelques fois avant d'avoir à le faire dans l'obscurité. Il peut être utile également de déballer sa tente avant de partir pour s'assurer que rien n'a été perdu ou déplacé depuis la dernière fois qu'on l'a utilisée. Oui, il m'est arrivé d'oublier mon petit sac de piquets à la maison. Mais ça n'est pas là un oubli bien grave, puisqu'on peut, en improvisant, fabriquer des piquets assez aisément. Pour ce qui est des montants en aluminium d'une tente en forme de dôme, ce n'est pas la même histoire... Si vous les avez oubliés chez vous, vous avez un problème !

Les sacs de couchage et les matelas de sol. Autrefois, il aurait fallu se livrer ici à une savante dissertation sur la structure interne des sacs de couchage en duvet, ainsi qu'à un solennel et sentencieux traité sur les différences entre les capacités isolantes du duvet et des matériaux synthétiques. Je ne crois pas qu'il soit nécessaire que nous revenions là-dessus — plus jamais. Le choix est simple, de même que les compromis qui s'imposent. Pour la même épaisseur, le duvet est plus léger. Il se comprime mieux que les matériaux synthétiques aussi, ce qui fait qu'à grandeur et à épaisseur égale, un sac en duvet nécessite une housse de rangement plus petite. Il est cependant plus sujet que les isolants synthétiques à retenir l'humidité et la transpiration imperceptible. Mais écartons tout de suite cette vieille idée selon laquelle « on ne peut pas dormir dans un sac en duvet mouillé, tandis que cela est possible dans un isolant synthétique ». En réalité, c'est impossible dans les deux cas ! Il est vrai cependant que les isolants synthétiques sèchent plus rapidement. Mais peu importe, car comment diable fait-on, de toute manière, pour se retrouver avec un sac de couchage détrempé ?

Comparaison des sacs de couchage en duvet ou en matériaux synthétiques

Duvet	Matériaux synthétiques
En général plus chaud qu'un matériau synthétique pour la même échelle de température indiquée.	En général un peu plus frais que le duvet.
Plus compact.	Un peu plus volumineux.
Plus léger.	Un peu plus lourd.
Sèche plus lentement.	Sèche plus rapidement.

Prenons la question sous cet angle-ci : si votre sac de couchage est bien emballé dans sa petite maison de nylon (qu'on pourrait appeler une housse de rangement) et si cette housse est elle-même rangée dans votre sac à dos, il serait plutôt improbable que votre sac se mouille. En fait, prenez un sac de couchage en duvet bien emballé dans sa housse de rangement et essayez de le mouiller en le plongeant dans un évier rempli d'eau. Vous réussirez à mouiller un peu le sac à l'embouchure de la housse, mais ce sera tout. Bref, si jamais vous parvenez à tremper complètement votre sac de couchage, ce sera probablement parce que vous l'aurez étendu sur une roche plate (dans le but de le faire aérer) et que vous l'aurez laissé là pendant une averse. Et si vous en arrivez là, enveloppez-vous de votre manteau de poil pour la nuit, enfilez vos caleçons longs, mettez-vous des bas de laine sur la tête, plongez vos pieds dans votre sac à dos et dites-vous qu'une divinité affable a choisi de vous soumettre à ce léger inconvénient, plutôt que de vous tuer, pour vous punir de votre bêtise.

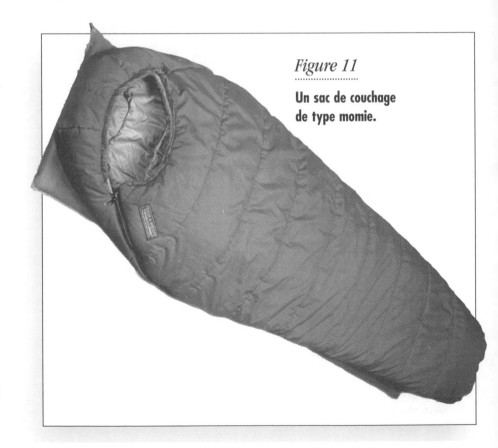

Figure 11

Un sac de couchage de type momie.

Si j'avais à choisir un sac de couchage, j'opterais pour un sac de type momie (voir la figure 11), confortable jusqu'à 0 ou -5 °C. Et vu les améliorations récentes en ce qui a trait à la compression des matériaux synthétiques, je choisirais probablement un sac de couchage en synthétique. Mais étant donné, par ailleurs, mon goût pour les objets beaux et bien conçus, et l'importance que j'attache généralement à la légèreté, je me laisserais peut-être tenter par un sac de type momie isolé en duvet, dont le confort serait adapté ici encore aux mêmes écarts de température.

Trois types de matelas de sol

Avantages	Désavantages
MATELAS MOUSSE	
Simple, léger, peu coûteux, indestructible.	Pas très confortable.
MATELAS EN CAOUTCHOUC MOUSSE	
Très léger, se comprime facilement.	Absorbe l'eau.
MATELAS AUTOGONFLANT	
Le plus confortable, et de loin. Se comprime facilement.	Plus lourd, pas aussi durable que le matelas mousse, plutôt coûteux.

Le mot « confort », que j'utilisais plus haut, est un autre de ces termes ambigus. Parfois je serais bien à -10 °C dans un sac de couchage prévu pour 0 °C, d'autres fois je ne m'accommoderais de rien d'autre qu'un lit d'eau dont la température serait réglée au maximum.

À la longue, voyez-vous, un sommeil confortable dépend de nos aptitudes. Aptitudes, par exemple, à gérer notre approvisionnement en calories et en liquides. Si vous marchez pour « brûler un max de graisse », vous aurez froid. Si, n'éprouvant pas la soif, vous vous passez de boire par une journée fraîche et que vous perdez l'équivalent de 3 % de votre masse corporelle en eau (ce qui ne correspond en fait qu'à 2 kilos pour un individu de 70 kilos environ), vous aurez froid. Mais si vous perdez 5 % de votre masse corporelle en eau, vous pourriez rapidement devenir un cas d'urgence médicale.

Si vous vous tenez autour d'un feu de camp et que vos vêtements sont humides et trempés de sueur, vous dormirez au froid. Si vous portez des vêtements humides dans votre sac de couchage, vous dormirez au froid. Si vous étendez votre sac de couchage à même le sol (le plancher de la tente et le tapis de sol ne suffiront pas à vous garder au chaud), vous dormirez au froid. Si vous mettez un terme à la journée en vous envoyant trois bonnes rasades d'alcool à 50 % « pour vous réchauffer », vous dormirez au froid. Si vous fumez, vous aurez froid.

Et il y a de fortes chances que vous accuserez votre sac de couchage !

Comment dormir au chaud ? Utilisez un matelas mousse ou un matelas autogonflant, pour plus de confort (c'est un truc qui s'appelle Therm-A-Rest et qui, pendant la nuit, m'est aussi important que ma tête). En achetant ça, vous vous payerez quelques degrés de confort supplémentaires.

Mangez régulièrement et légèrement ; ne vous empiffrez pas avant de vous coucher. Assurez-vous d'être bien hydraté. Buvez de l'eau (sans la mélanger à des doses équivalentes de whisky !). Ne portez que des sous-vêtements secs (ou ne portez rien du tout) dans votre sac de couchage. Si vous vous réveillez et que vous avez froid, une simple gorgée d'eau pourra vous aider ou encore une bouchée de fruits secs et des noix mélangés — mais ne gardez pas de nourriture dans la tente. Bien sûr, un ours saurait vous réchauffer, mais peut-être un peu plus que vous ne l'auriez souhaité ! Et portez un chapeau. Moi, j'ai une superbe vieille casquette de chasseur en laine rouge et je l'emporte même lorsque je pars en expédition de canoë en Floride. Cette casquette, elle m'a accompagné dans des moments difficiles, lors d'ascensions rigoureuses en plein cœur de l'hiver, mais aussi lors des escapades d'une seule nuit que je faisais avec mes enfants, dans les montagnes non loin de chez nous. La casquette passe beaucoup de temps dans mon sac à dos. Mais quand je suis fatigué et qu'il fait plus frais, il arrive que je la mette dès que nous commençons à monter la tente. Mais la clé, pour rester au chaud, c'est de rester au chaud. Essayez dès le départ de ne pas prendre froid. Car il est beaucoup plus ardu de *récupérer* la chaleur que de *retenir* la chaleur.

Alors enlevez votre chemise... mais gardez votre chapeau !

La cuisine

Nous n'avons pas encore abordé sérieusement la question de la nourriture et du matériel nécessaire à sa préparation. Il n'est pas aisé de parler de nourriture à moins de généraliser. Certaines personnes arriveront à élaborer un repas de quatre services sur un feu de camp, à préparer en vitesse des muffins aux bleuets pour le déjeuner, alors que d'autres, dès les premiers bouillons, dégluriront sans plaisir ni édification ce sinistre assemblage connu sous le nom de ragoût de bœuf aux légumes déshydraté. Personnellement, je préfère n'emporter que du brandy et du bon café, et les échanger contre de la nourriture. Néanmoins, cela ne marche pas à tous les coups, alors je fais de mon mieux dans cette zone grise entre le Cordon Bleu du feu de camp et le ragoût de bœuf aux légumes Gutbomb.

La plupart du temps, j'applique les quelques règles suivantes.

Règle numéro 1, pour les paresseux. Ne cuisinez jamais un plat qui demande plus d'une casserole, à moins que vous n'en soyez à votre jour de repos — et que la seconde casserole vienne de quelqu'un d'autre.

Règle numéro 2, pour les affamés. Ne préparez jamais de repas qui prennent plus de 15 minutes à passer de votre sac à votre estomac.

Règle numéro 3, pour les contemplatifs. Avant de défaire votre sac, avant même d'établir le campement, faites-vous chauffer une tasse de café ou de soupe, étendez-vous dans votre Therm-A-Rest et jouissez, jouissez ! Vous ne pouvez violer cette règle qu'en cas de pluie. Montez alors votre bivouac et *ensuite*, faites-vous chauffer une tasse d'un liquide réconfortant. Dans ces conditions, il est acceptable d'opter pour le café ou le brandy. Et si vous en avez, vous le partagez.

Règle numéro 4, pour les prudents. La cuisine se fait sur un réchaud. Ne faites la cuisine au-dessus d'un feu de camp qu'uniquement en cas d'urgence ou lorsqu'il y a suffisamment de bois mort là où vous êtes pour vous en servir sans problème. Le hic, c'est que ces endroits sont plus sujets aux incendies. Soyez prudent dans ce genre d'endroit, où vous courez le risque de faire brûler la moitié de la montagne.

Heureusement, vous avez rarement le choix. Les feux sont prohibés dans la plupart des sites d'excursions, un point c'est tout. En d'autres endroits, le bois mort est devenu introuvable à un kilomètre à la ronde, victime de trois générations de romantiques.

Comprenez-moi bien. J'aime bien un petit feu de camp, et lorsqu'il est raisonnable écologiquement d'en faire un, je le fais. Le feu de camp a quelque chose de primordial. On peut presque apercevoir des yeux qui brillent dans la nuit à la lueur des flammes, et quelque part, dans le lointain, le grognement rauque d'un chat sauvage. C'est un concept romantique, peut-être. Mais je ne crois pas qu'il y ait beaucoup de gens insensibles à ce genre de romantisme. Personnellement, je ne le suis pas, en tout cas.

Les réchauds. Cependant, le feu de camp n'est pas l'idéal pour faire la popote. La nourriture devrait être préparée sur un réchaud à un brûleur (voir la figure 12) pouvant être alimenté au naphte (au gaz Coleman, plus précisément), au kérosène (plus rarement), au butane ou au propane (très utiles, mais pas très « chauds »), à l'alcool ou grâce à un mélange de divers combustibles (réchaud multigaz). L'été, j'utilise surtout un réchaud au butane. Je reconnais ses limites : il est encombrant et il

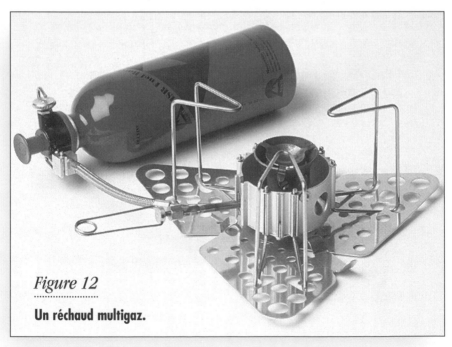

Figure 12
....

Un réchaud multigaz.

faut attendre que le combustible soit entièrement consommé avant de pouvoir remplacer la bouteille (on ne peut donc pas changer la bouteille avant de partir en randonnée, même lorsqu'on sait que celle qui est vissée sur le brûleur est presque vide). Le butane est inefficace par temps venteux et il devient d'autant plus encombrant qu'il faut rapporter les bouteilles vides au retour. Par ailleurs, le réglage de l'intensité de la flamme fonctionne à merveille, le brûleur s'allume en un instant et il faut moins de temps pour remplacer une bouteille de gaz que pour remplir un réchaud fonctionnant avec un combustible liquide. De plus, on ne risque pas de déclencher un incendie (comme c'est le cas avec les combustibles liquides volatiles) et on n'a pas à s'inquiéter d'un dégât de liquide combustible au fond de son sac à dos.

Utilisez ce qui convient le mieux à votre tempérament. Il y a des jours où je suis si détendu que le tranquille petit réchaud au butane et son rythme de cuisson plutôt lent me conviennent parfaitement. Mais il y a d'autres moments où j'ai besoin de pousser mon réchaud à combustible liquide à fond la caisse pour me faire bouillir quelque chose le plus VITE possible et manger. J'imagine que vous êtes comme moi : personne n'a envie de trimbaler deux réchauds en randonnée. Donc, nous en choisissons un et nous nous trompons une fois sur deux. Mais ce n'est pas très grave. Si je devais me contenter d'avoir un seul réchaud, je choisirais un de ceux qui fonctionnent au combustible liquide pressurisé, le MSR Dragonfly, par exemple. Aussi apprendrais-je à l'entretenir correctement et je le ferais avant qu'il n'en ait besoin. Le meilleur moment pour cet entretien, c'est pendant la semaine et chez soi.

Au moment d'acheter un réchaud, voici quelques caractéristiques dont vous devriez tenir compte :

Le temps d'ébullition (*c'est-à-dire le temps qu'il faut pour amener un litre d'eau à ébullition*)	Moins de quatre minutes, idéalement.
Le poids	Moins de 600 grammes, idéalement.
Le type de combustible	Le naphte, le kérosène, l'essence pour automobile, l'alcool, le propane, le butane ou un mélange.

La nourriture. Mangez ce que vous aimez, mais ne négligez pas les hydrates de carbone. Ce sont eux qui vous feront avancer.

Quelques conseils. La plupart des denrées — en particulier celles qui proviennent du supermarché — doivent être remballées pour un rangement facile. D'ailleurs, il est inutile d'emporter tout un pot de café instantané lorsque quelques cuillerées à thé suffisent. Si vous n'en avez pas besoin, ne l'emportez pas. C'est aussi simple que cela. Cependant, j'emporte toujours quelques trucs en plus, et en particulier quelques poignées de pâtes (des macaroni, pas des spaghetti) et deux ou trois enveloppes de mélange à soupe. Emballez les pâtes et les mélanges à soupe dans un sac ultrarésistant Ziploc[md] et oubliez-le tant que vous n'en aurez pas absolument besoin ou jusqu'à ce que vous souhaitiez changer votre diète.

Il y a une leçon à retenir. Si vous êtes de ceux qui classent les aliments à apporter en différentes catégories comprenant : 1) les aliments bourratifs (riz, pâtes, pommes de terre instantanées), 2) les aliments riches en protéines (viandes congelées et déshydratées, légumineuses, noix) et 3) les aliments déshydratés (mélanges à soupe et bouillons) et les légumes, il est facile de choisir un élément dans chacune de ces catégories et de vous concocter un petit quelque chose en les jetant dans une casserole. Cette idée n'est pas de mon cru. Elle a été mise de l'avant par June Fleming qui a écrit pour moi durant les années 70, à l'époque où j'ai publié *Wilderness Camping*. Le tout se retrouve dans son livre *The Well-Fed Backpacker* qui est toujours considéré comme un véritable petit bijou où s'allient le bon sens, le savoir-faire et une bonne dose d'intelligence. On n'a depuis lors rien écrit de meilleur sur la cuisine de randonnée. Sa méthode s'appelle *One-Liners*. Elle répertorie 6 catégories d'aliments qui peuvent être combinés pour former 700 000 repas différents, ce qui devrait largement suffire à contenter l'estomac le plus blasé.

Voici ce que je fais pour cuisiner plus facilement. Essayez-le.

Quelques idées de menus pour vous dépanner :

Déjeuner

Céréales	Gruau de maïs instantané
Lait déshydraté	Flocons d'avoine instantanés
Pâtisseries allant au grille-pain	Café instantané
Gruau avec raisins et cassonade	Thé

Lunchs et casse-croûte

Viandes séchées	Couscous
Soupes	Taboulé
Beurre d'arachide et biscottes	Fruits séchés
Fromage et biscottes	Noix
Barres énergétiques	Chocolat

Souper

Pâtes et sauces	Soupes
Légumes déshydratés	Plats rapides avec du riz
Purée de pommes de terre	Fèves
instantanée et sauces	Pain et beurre

Choisissez des aliments qui sont :

Légers à transporter

Très calorifiques

Compacts

Peu périssables

Faciles à emballer

Rapides à préparer

Lorsque je prévois manger, pour le souper, un aliment qui est difficile à réhydrater, je le place dans une jarre en plastique remplie d'eau et je la trimballe dans mon sac durant la journée ou l'après-midi. De cette manière, même le redoutable ragoût de bœuf végétarien sera relativement agréable.

L'arrière-pays n'est pas l'endroit pour négliger le nettoyage des ustensiles de cuisine. Si vous n'utilisez qu'une seule casserole pour cuisiner, et que vous mangez dans celle-ci, prenez le temps de bien la récurer. Et pas dans le ruisseau, s'il vous plaît. Pour ma part, pendant que je mange, je fais chauffer une théière pleine d'eau. J'ai ainsi de l'eau chaude pour le café et il m'en reste pour la vaisselle. Cela rend toute l'opération moins douloureuse, si vous voyez ce que je veux dire.

À moins de pêcher régulièrement, une poêle à frire est de peu d'utilité en randonnée. Autrement dit, épargnez-vous une charge et laissez-la à la maison, à moins qu'elle ne serve de couvercle à votre attirail de cuisine et que vous souhaitiez empêcher la migration de votre théière, de vos ustensiles, de l'ouvre-boîte et du matériel de nettoyage ! Évidemment, vous pouvez rangez tout cela dans un simple sac et garder votre sac de randonnée bien propre. Si vous tenez tout de même à prendre avec vous une poêle à frire, sachez que les poêles antiadhésives se lavent très facilement et que les plus profondes peuvent servir de casseroles.

Si vous utilisez un réchaud à combustible liquide, placez le réchaud et la bouteille de combustible dans une des poches extérieures de votre sac. De grâce, ne les rangez pas à l'intérieur.

L'ultime et le plus simple ensemble de cuisine pour deux comprend un réchaud, une casserole d'un litre, une théière (ou un pot), deux grandes tasses, deux cuillères à table, une bouteille de plastique d'un litre à large goulot, quelques petites fioles en plastique pour les épices (l'origan ! Oh oui !) et (si vous en trouvez une) une petite louche à manche détachable. Elles sont fabriquées en France et elles sont formidables. Elles donnent une touche plus formelle. Ma femme et moi mangeons la plupart du temps à même la casserole.

Replacez les repas dans leur juste perspective. Ne vous affamez pas, mais ne vous laissez pas démoraliser par la nourriture que vous servez. Vous n'êtes pas là pour cuisiner.

Priez pour le retour des aliments conservés sous vide sur le marché. Oh ! Comme je regrette le temps où je plongeais dans l'eau bouillante une de ces douceurs aigres-douces au porc ou des crevettes créoles, servies sur un nid de riz cuit dans la même casserole et au même moment. Quelle bonne bouffe ! Cinq minutes de préparation et le goût était excellent. Je sais pourtant pour quelles raisons ces produits ont perdu la faveur. Pourquoi transporter de l'eau mélangée à des aliments, lorsqu'il y en a sur votre route ? Ils conviennent parfaitement pour un week-end. Toutefois, lorsque vous avez à marcher de longues distances, cette charge de poids sera véritablement de trop. Quoi qu'il en soit, cela vaut bien la peine de se payer ce petit luxe lorsque l'on part pour quelques jours.

Souvenez-vous, vous allez là-bas pour respirer le parfum des fleurs. Et n'oubliez pas de prendre le temps de savourer l'arôme de votre première tasse de café du matin.

Des sacs pour empaqueter

Maintenant, me direz-vous, pourquoi attendre d'être rendu à la fin d'un livre sur la randonnée pour parler des sacs de randonnée ? Comment dire ? Ce n'est pas la pièce d'équipement la plus importante ? En fait... non. La pièce d'équipement la plus importante se trouve dans votre tête. Un kilogramme de sagesse et un gramme de bonne volonté valent bien une tonne de gadgets sophistiqués et ultralégers.

Votre sac est important, c'est vrai. Mais il n'est pas plus ou moins important que les autres pièces d'équipement dont vous dépendez, et considérablement moins important que le confort de vos bottes.

Si vous écoutiez les propos de certains marchands ou preniez part à une grande foire de l'équipement sur un terrain de camping, vous pourriez croire que les sacs de randonnée se comparent en complexité avec les F-15, le système reproducteur humain et les grands vins. Voyons, revenez sur Terre ! Depuis des millénaires, la race humaine trimballe toutes sortes de choses sur son dos. Il n'y a désormais plus tellement de secrets ici-bas.

Mais ces quelques secrets en valent la peine.

Nous avons déjà abordé ce premier secret dans la section sur les bottes. « Confort, confort et confort » est la clé pour un sac de randonnée bien ajusté. J'aimerais pouvoir vous donner quelques formules magiques pour vous garantir que votre prochain sac — qu'il possède une armature externe ou interne — vous ira parfaitement. Mais je ne le peux pas. Chaque sac sur le marché peut plus ou moins vous convenir et fera l'affaire. Par exemple, je possède deux sacs à armature externe ayant un design bien différent. Le premier possède une armature bien droite en forme d'échelle et un ceinturon rembourré à la taille. Le second, plus complexe, se porte sur les hanches, pratiquement enroulé autour de mon corps. Les deux fonctionnent bien pour moi, et si je me plaçais à côté de vous, vous verriez que l'angle formé par les bretelles et l'axe vertical de mon corps sont radicalement différents d'un sac à l'autre.

Comment vérifier l'ajustement et le confort d'un sac lors de l'achat ?

Pour commencer, laissez le marchand ajuster le sac pour vous. Le sac devrait contenir une charge correspondant à 20 % de votre masse corporelle : c'est la charge maximale que vous devriez porter si vous voulez profiter de votre temps passé à l'extérieur. Moins, c'est mieux. Mais il y a aussi autre chose. S'il vous plaît, lorsque vous essayez un sac, ne portez pas de ceinture. Vous ne pouvez transporter un sac confortablement avec une large ceinture rigide et une boucle qui ressemble au trophée remis au meilleur cow-boy du festival du cochon de Saint-Clin. Portez des pantalons confortables qui ne feront pas de plis sous votre sac.

Le sac doit être confortable. En fait, c'est l'armature qui devrait être confortable. Votre sac doit s'ajuster adéquatement, vous assurer une liberté de mouvement raisonnable, ne pas vous barrer les bras ou vous compresser la poitrine, et il doit tenir en place lorsque vous marchez. Un sac qui ballotte et qui tangue lorsque vous bougez est une vraie plaie... jusqu'à ce que vous vous fatiguiez. Alors, il devient un véritable danger. Dès lors, le sac — le contenant pour les choses à transporter — devient pratiquement inutile. Bref, il doit vous aller. C'est tout.

Si on me demandait de choisir un sac de randonnée pour un débutant, je choisirais un sac à armature externe (voir la figure 13) avec

Figure 13

Un sac à armature externe.

Figure 14

Deux sacs à armature interne.

une ceinture robuste pour la taille et un sac arrière divisé en deux parties (haut et bas) couvrant les trois quarts de l'armature, me gardant ainsi un espace libre pour transporter d'autres pièces d'équipement. J'aimerais aussi qu'il possède une extension vers le haut afin de pouvoir y attacher de l'équipement à loisir.

Quoi ? Pas de sac à armature interne ?

Cela dépend de vous. Le sac à armature interne (voir la figure 14) offre une capacité limitée de distribution de la charge, et jusqu'à un certain point, il est conçu pour des gens qui ont depuis longtemps arrêté leur choix en matière d'équipement et qui s'en servent pour des activités spécifiques reliées au sport. Généralement, les sacs à armature interne sont relativement compacts et permettent beaucoup de liberté de mouvements. Ainsi, ils sont parfaits pour le ski de randonnée, la marche dans les broussailles, l'escalade de rochers ou quelque autre activité demandant de la force et de la flexibilité. Pour ceux qui préfèrent la simple randonnée, le sac à armature externe est fonctionnel et demeure une option intéressante et peu coûteuse.

Une réflexion humoristique en passant. Nous sommes amoureux des gadgets multifonctions. « Hé, brave gens, regardez-moi ça ! Ce sac est parfait pour la randonnée, le ski, l'escalade, le canoë et pour amener votre bébé de trois mois au supermarché afin qu'il puisse établir un nouveau record mondial en fracassant 37 pots de cornichons à l'aneth d'un seul coup de son petit poing potelé ! Dépêchez-vous, dépêchez-vous ! Regardez-moi ça ! »

Ne vous laissez pas avoir par de simples artifices. Un sac tout usage, ça n'existe pas. Si vous pratiquez le canoë, achetez-vous un sac fait sur mesure pour le canoë. Si vous faites du camping et de la randonnée à skis, trouvez un sac conçu à cet effet. Autrement, vous aurez besoin de cinq sacs tout usage avant de les abandonner de dégoût et de faire les choses correctement, c'est-à-dire un sac pour chaque fonction ou pour un groupe de fonctions apparentées.

Conseils pour l'empaquetage. Il est à votre avantage de garder les articles les plus lourds dans le haut de votre sac et près de votre dos, dans la partie qui touche à l'armature.

Armature externe versus armature interne

Avantages	Désavantages
ARMATURE EXTERNE	
Peu coûteux.	Moins stable qu'une armature interne.
Rangement facile.	Moins confortable.
Peut porter des charges plus lourdes.	
Permet de marcher plus droit sur un terrain lisse.	
ARMATURE INTERNE	
Équilibre et stabilité impeccables.	Coûteux.
Se transporte facilement dans la voiture ou dans l'avion.	

Voici comment je m'y prends (voir la figure 15). La tente va dans le haut du sac, ficelée à la barre d'extension. Le sac de couchage et le matelas, eux-mêmes dans leur sac, se fixent à l'armature sous le sac. Si j'avais un sac pleine longueur (ce que je n'aime pas tellement), cet équipement irait dans le gros compartiment du bas. De la façon dont mon sac est divisé, la nourriture et les instruments pour la cuisine vont dans le compartiment du haut et reposent sur ce que j'aurai décidé d'apporter pour me tenir au chaud. Il s'agit généralement d'une chemise légère et d'un caleçon long (même l'été !) en polypropylène et d'une légère veste de laine. Ce compartiment récolte tout le surplus de vêtement pouvant être apporté, comme des sous-vêtements de rechange et des chaussettes. Le réchaud et la bouteille de combustible vont dans les poches latérales, tout comme la bouteille d'eau et le filtre. Le compartiment du bas sert au rangement des choses plus personnelles (j'apporte un livre et un carnet de notes), une petite trousse de secours élaborée d'après le livre du Dr Bill Forgey, *Medicine* (The Globe Pequot Press) qui est très accessible, des allumettes en bonne quantité, une lampe de poche, un couteau, une chandelle dans une boîte de fer blanc et d'autres articles pouvant être regroupés sous la rubrique « soins de santé et de beauté » comme une brosse à dents, de l'insecticide, de la crème solaire, des lunettes de lecture, de l'hydratant pour les lèvres, du fil et des aiguilles, une autre boîte d'allumettes et du papier hygiénique, le tout dans un même sac. Une longueur de corde pour l'escalade est aussi nécessaire afin de suspendre le sac de nourriture hors de portée des animaux.

J'ai tendance à être maniaque des compartiments. J'aime avoir des poches à mes sacs (sauf pour le canoë) et j'aime conserver mes articles dans des sacs ou des Ziplocs^md ultrarésistants. Cela m'empêche de perdre du matériel. Cela me permet aussi de retrouver rapidement un article, même dans le noir. Pourquoi aurais-je besoin de trouver ces choses dans l'obscurité ? Parce qu'il m'arrive fréquemment de marcher ou de pagayer la nuit. Si votre excursion ne dure qu'un week-end, vous pouvez profiter au maximum de votre temps — celui passé à l'extérieur — en vous mettant en route ou sur l'eau le vendredi soir. Ainsi, votre randonnée prendra l'aspect d'une aventure. Dehors, les choses ne vont pas sans heurts durant la nuit ! Ceux qui prétendent que les bois sont un endroit calme et paisible n'y sont jamais allés, c'est certain !

Le matériel pour la pluie doit rester sous le rabat du sac où il sera facilement accessible. Les cartes vont dans la poche avant du rabat. Je garde ma boussole dans la poche de ma chemise et si j'apporte une caméra, je l'attache à l'armature du sac pour qu'elle soit accessible. D'habitude, je ne traîne pas de caméra avec moi (sauf pour mes « photos d'archives »), car je ne suis jamais en mesure de m'y mettre sérieusement lors d'un voyage d'agrément. Si je veux des photographies, je dédie une randonnée à cette activité. Lorsque je vivais dans l'État de New York, je me souciais rarement d'apporter des jumelles. Ici, dans le Michigan, les terrains déboisés et les pins grouillent littéralement d'oiseaux. Hélas, mes jumelles sont lourdes et encombrantes, alors j'épargne sur le tabac afin de m'acheter des jumelles qui tiendront vraiment dans la poche de ma veste, et qui seront à portée de la main. Vous n'aurez pas souvent la chance de voir une fauvette de Kirtland dans cette vie !

Si je marche avec Molly, nous nous partageons certaines pièces d'équipement. Je la débarrasse de l'armature de la tente, quelquefois de la batterie de cuisine et d'un peu de nourriture. L'idée, c'est que personne dans le groupe ne soit surchargé. Je ne transporterais jamais un oreiller en mousse, quoique je le recommande chaudement aux petites heures du matin. Pour ma part, je plie ma veste sous moi afin de m'en servir comme oreiller.

Combien doit peser tout cela ? Je préfère que la charge ne dépasse pas 20 % de ma masse corporelle, qui est d'environ 75 kilos. (Ne laissez personne vous convaincre que passé la cinquantaine, vous ne gagnez que du muscle. Mon meilleur poids lors d'une course de canoë était inférieur de cinq kilos à celui d'aujourd'hui, et j'ai tout cela devant moi qui me regarde !) Mon sac pèsera alors moins de 16 kilos, ce qui est plus qu'acceptable. Si votre sac est bien ajusté et que vous êtes dans une situation d'urgence, vous pouvez transporter la moitié de votre poids sans problème, mais sans plaisir non plus. Tout le secret de ce genre d'empaquetage — et pour les empaquetages plus légers — est dans la manière de mettre et d'enlever le sac de votre dos.

Comment mettre son sac. Il est surprenant de voir tout ce qui est proféré contre le pèlerin insouciant et son sac. Par exemple, notre public de randonneurs a été solennellement informé que la meilleure façon « d'enfiler » une charge (en réalité, vous hissez votre charge) consiste à s'asseoir, à tortiller des hanches pour passer les bretelles, et ensuite à rouler vers l'avant pour se redresser.

Quelle merveilleuse façon de se briser le dos et de s'offrir une hernie !

Voici comment s'y prendre avec le harnais lorsque votre sac est plein (voir la figure 16).

Je suis droitier. Si vous êtes gaucher, vous préférerez peut-être changer de côté, mais je ne suis pas sûr que cela change vraiment quelque chose. Détachez la ceinture qui se trouve à la taille et relâchez les bretelles. Saisissez votre sac en empoignant de la main droite la barre du milieu d'où partent les bretelles et, de la main gauche, saisissez la bretelle de droite (à votre droite lorsque vous portez le sac). Soulevez le sac afin qu'il puisse reposer presque entièrement sur votre genou droit. Maintenant, glissez votre bras et votre épaule dans la bretelle de droite, en vous servant de vos genoux pour hisser la charge. Empoignez la bretelle près de l'endroit où le coussinet et le tissage en nylon se touchent, et tentez d'éviter le balancement du sac en vous servant de votre coude. (C'est plus facile que cela en a l'air.) Maintenant, glissez votre bras gauche sous la bretelle de gauche, roulez des épaules vers l'avant et attachez la ceinture. Resserrez les bretelles et livrez-vous à la danse rituelle de l'ajustage en vous tortillant et en gigotant jusqu'à ce que tout se mette en place. Doucement ! Vos jambes feront le gros du travail et vos bras serviront à positionner l'équipement plutôt qu'à le soulever.

Pour enlever votre sac, relâchez la bretelle de gauche, glissez un bras à l'extérieur et détachez la ceinture. Le sac sera encore solidement amarré à votre épaule de droite. Servez-vous de votre bras gauche pour empoigner la bretelle de droite et enlevez-vous d'en dessous du sac. Il glissera sur vos genoux, puis jusqu'à terre. Exercez-vous dans votre salon jusqu'à ce que cela devienne une seconde nature. Ce n'est plus le temps d'apprendre lorsqu'on est fatigué !

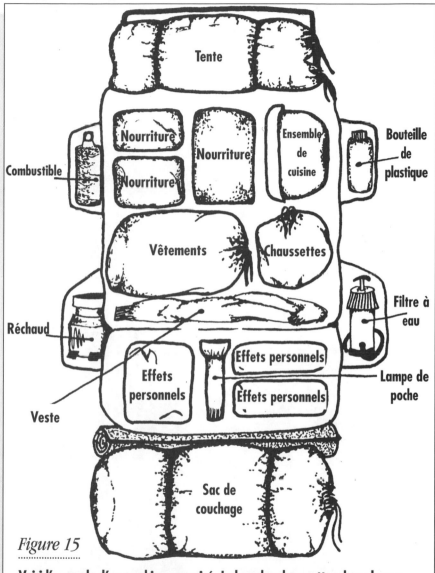

Figure 15

Voici l'exemple d'un sac bien organisé. Inclure des chaussettes de rechange, un chandail et un pantalon en polypropylène ainsi qu'un livre, une trousse médicale, un carnet de notes, des allumettes résistantes à l'eau, une lampe de poche, des chandelles d'urgence et du matériel hygiénique.

Figure 16

....

Pour mettre votre sac : 1) Pliez les genoux et empoignez les bretelles.
2) Appuyez le sac sur votre cuisse. 3) Glissez votre bras droit dans la
bretelle et faites pivoter le sac sur votre dos. 4) Glissez votre bras
gauche dans l'autre bretelle. 5) Attachez la ceinture à votre taille et
resserrez les bretelles. 6) Vous êtes prêt à partir !

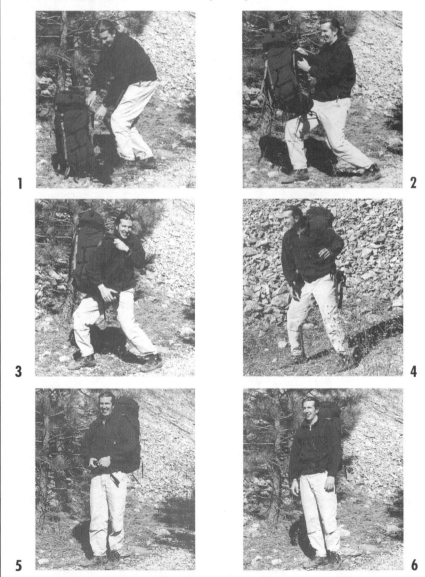

Les règles d'or de la randonnée en forêt

I
l y a de ces choses qui sont difficiles à classer dans une
catégorie précise. Je veux parler des manières de penser et de
voir les choses, bref de la philosophie du randonneur, car en
cette matière, il ne s'agit pas d'expliquer par le détail une
procédure. Trop souvent, ces quelques précieuses réflexions sont
noyées dans le flot des explications techniques. Voyons un peu ce
qu'il y a à dire de tout cela.

Principes de base en orientation. Ces quelques lignes
n'ont pas pour objectif de vous présenter une leçon complète sur
l'art d'utiliser les cartes et les boussoles. Ce travail a déjà été fait par
Cliff Jacobson dans *Map and compass* (The Globe Pequot Press,
1999). Comme tous les livres de Cliff, cet ouvrage est un véritable
modèle de clarté.

J'ai plutôt choisi de vous présenter ici une courte et simple
leçon concernant une méthode d'orientation qui est fort utile lors
des randonnées en forêt. Il s'agit d'un exercice qui consiste à
marcher et à relever sa position à la boussole. Vous n'avez pas
besoin d'une carte, mais il vous faut impérativement une boussole.
Les meilleures sont celles qui sont posées sur une base plate. On les
appelle parfois des boussoles d'orientation (voir la figure 17) bien
que la vraie boussole d'orientation soit un instrument plus
sophistiqué que celui-ci.

Voici le topo. Vous vous trouvez à 20 km des rives du lac Huron,
sur la péninsule inférieure de l'État du Michigan, au beau milieu
d'une région aux reliefs accidentés. Vous apercevez les énormes
dunes, qui bordaient auparavant le lac Huron. La région a connu de
nombreux incendies, la marche y est relativement aisée, mais la
forêt de jeunes chênes et de pins est dense. Et, un pin ressemble
toujours étrangement à un autre pin ! Vous avez laissé votre voiture

le long de la route et vous voulez faire une petite excursion. Merveilleux ! Lorsqu'une telle idée s'empare de vous, laissez-vous aller. Votre vie n'en sera que plus riche.

Donc, vous êtes sur le point de vous mettre en route. Bien entendu, vous avez pris soin de vous munir d'un petit sac à dos et d'une boussole. Avant de partir, repérez un point proéminent qui se trouve dans la direction que vous entendez prendre. Ce peut être un arbre ou une zone qui semble être plus dégagée à une centaine de mètres. Tournez le cadran de votre boussole jusqu'à ce que la pointe rouge de l'aiguille aimantée marque 0 degré.

Relevez votre position. Maintenez la pointe de l'aiguille aimantée et le pointeur alignés à l'aide du repère de ligne de marche afin de vérifier votre position.

Vous pouvez maintenant vous diriger vers votre objectif. Lorsque vous l'aurez atteint, relevez un autre point à partir de votre position et repartez. Simple, n'est-ce pas ?

En fait, tout ira bien jusqu'à ce que vous arriviez au bas d'une colline et que vous aperceviez un charmant petit marais que vous feriez mieux de ne pas traverser sous peine de vous y enfoncer. Prenez le temps d'arrêter et de bien regarder. Beaucoup de marais ne sont pas des étangs d'eaux stagnantes. Les marais sont en fait de vieux lacs qui sont en train de mourir. C'est pourquoi il y a un léger courant dans ces eaux, et il est évident que l'eau va de la partie la plus élevée vers celle qui l'est le moins. Admettons que votre boussole soit déjà réglée à 75 degrés.

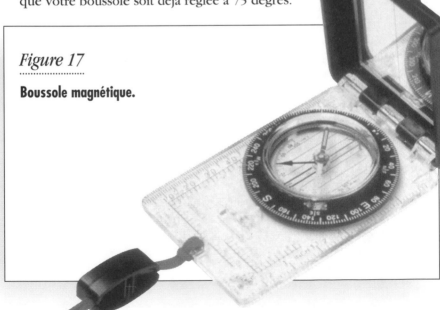

Figure 17

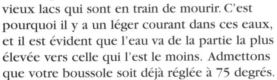

Boussole magnétique.

Prenez un point de repère visuel et commencez à marcher vers le point le plus haut. Retournez-vous de temps en temps pour voir où vous êtes. Comptez tous les deux pas que vous faites, comme le faisaient les légionnaires romains. Autrement dit, chaque fois que votre pied gauche foule le sol vous comptez un pas. Vous vous souvenez de votre latin ? *Multi millia passuum* ? Puis, enregistrez votre savant calcul dans le carnet de notes que vous ne manquez jamais d'apporter. Lorsque vous atteindrez le point le plus élevé du marais, tournez de 90 degrés vers la gauche et vous constaterez que vous êtes de nouveau à 65 degrés. Éloignez-vous du marais en suivant votre cap de 65 degrés (toujours en comptant vos pas) et tournez encore une fois à gauche. Maintenant vous marchez à 75 degrés moins 90 degrés, autrement dit, à 345 degrés. (Il y a 360 degrés dans un cercle.) Repérez un autre objectif et suivez votre relevé de position, effectuez le même nombre de pas que lorsque vous les avez comptés pour la première fois.

Vous devriez être à l'opposé de l'endroit où vous avez commencé vos manœuvres. Tournez à droite et reprenez votre position à 75 degrés, donnez-vous un autre point de repère et marchez.

Même durant une randonnée tout à fait banale, il vous arrivera sans doute d'avoir à faire quelques détours. Si vous tournez à 90 degrés et que vous prenez soin de compter vos pas, vous devriez être en mesure de marcher en forêt sans le secours d'une carte. Vous vous orienterez plus facilement si vous prenez le temps d'observer attentivement votre environnement. Ne faites pas cet exercice comme s'il s'agissait d'un exercice de survie. Avant tout, vous êtes là pour regarder et en profiter. Prenez le temps de voir, de regarder sans vous presser et lorsque vous serez sur le chemin du retour, le terrain vous sera familier et accueillant, au lieu de vous sembler sinistre et inhospitalier.

Faire le chemin du retour, c'est refaire la route à l'envers. Si vous avez marché à 65 degrés, vous devrez revenir à 65 degrés plus 180 ou 245 degrés. Cette méthode est appelée le contre-azimut et elle n'a rien de bien mystérieux.

Vous ne retrouverez sans doute pas exactement votre position de départ — à moins que vous n'ayez observé avec une grande attention le moindre détail — mais vous n'en serez pas trop éloigné. En fait, vous serez probablement sur la bonne voie lorsque vous quitterez le premier marais que vous aviez croisé. À moins que la route sur laquelle vous avez laissé votre voiture soit très droite, il est peu probable que vous aperceviez votre voiture en arrivant. Ce n'est vraiment pas un problème puisqu'elle ne sera sans doute pas à plus d'un demi-kilomètre. Mais dans quelle direction ? direz-vous. Bien entendu, c'est toujours dans ces moments-là qu'il commence à pleuvoir.

Voici ce que vous devez faire. Lorsque vous arriverez à votre dernier point de repère, qui dans le cas qui nous occupe est le marais, trichez un peu (si vous avez bien mémorisé le terrain). Au lieu de marcher à 225 degrés, marchez à 230 degrés. Bien entendu, vous n'arriverez pas précisément à votre voiture, mais soyez assuré qu'elle se trouve légèrement à l'ouest. Tournez à gauche et votre voiture vous attendra juste dans le virage.

C'est simple, non ? Assurément ! Et encore plus simple si vous prenez le temps de bien regarder autour de vous. C'était bien là le but essentiel de toute cette équipée !

Ne laissez pas de traces de votre passage. Il est grand temps de faire face à la réalité. Il y a trop peu de forêts sur cette planète pour qu'il soit permis à des êtres humains de les ravager impunément. Nous devons nous sentir responsables de ce que nous faisons et, croyez-moi, le moindre geste a son importance.

Des lignes directrices concernant les activités de plein air ont été tracées par des représentants de l'industrie et quatre agences fédérales (U.S. Forest Service, National Park Service, Bureau of Land Management et la U.S. Fish and Wildlife Service). Le guide explique comment se comporter de façon responsable en forêt. Il s'intitule : *Leave no traces* (ne laissez pas de traces de votre passage) et il devrait être appris par cœur par tous ceux qui s'aventurent dans l'arrière-pays. Recopiez-le, mémorisez-le et parlez-en à toutes vos connaissances.

Des guides ont été spécialement conçus pour chaque région des États-Unis. Appelez le 1 800 332-4100 ou visitez le site Web à www.1nt.org. Voici en gros les règles de base.

1. Restez dans le sentier. N'arrachez pas de feuilles, et n'élargissez pas le sentier en tentant d'éviter de marcher dans la boue. Vos bottes sécheront, mais la végétation que vous avez piétinée, elle, ne repoussera pas.

2. Campez dans un lieu prévu à cet effet. Il ne sert à rien d'écraser les fleurs sauvages lorsque vous pouvez vous installer sur un bon tapis d'aiguilles de pin. Il est aussi tout à fait inutile de détériorer le site en creusant des tranchées, en coupant des arbustes et des branches. Servez-vous de votre matériel et utilisez votre tête plutôt que votre couteau.

3. Rapportez tout ce que vous avez apporté. C'est simple.

4. Ne mettez jamais de savon dans un lac ou une source. Même le savon biodégradable ne se dégrade pas dans l'eau. Jetez l'eau savonneuse à au moins 60 mètres d'un point d'eau.

5. La chose est également valable pour les déjections humaines. Rendez-vous à au moins 60 mètres de l'eau et de votre campement. Creusez un trou de 10 à 20 cm de profondeur, faites ce que vous avez à faire, prenez ensuite un bâton et mélangez le tout à de la terre, de sorte que les bactéries puissent se mettre immédiatement au travail. Enfin, recouvrez le trou. Et de grâce, rapportez votre papier hygiénique ; c'est dégoûtant direz-vous, eh bien ! il y a des choses beaucoup plus dégoûtantes ! Apportez un Ziploc[md] de plus pour y déposer le papier de toilette usagé. Mieux encore, n'en utilisez pas. Soyez créatif, servez-vous de feuilles, de cocottes de pin (prenez garde, utilisez-les dans le bon sens !) ou de neige et vous n'aurez rien à rapporter.

6. Servez-vous d'un réchaud, ne faites pas de feu de camp.

7. Laissez le site tel que vous l'avez trouvé. Il ne devrait porter aucune trace de votre passage. Et n'emportez pas avec vous toutes les plumes, pierres, feuilles, etc., que vous trouverez. Les photographies font de bons souvenirs... Ne ramassez pas les bois des cerfs pour les mettre au-dessus de votre cheminée. Ils sont beaucoup mieux là où ils sont, merci.

Les couteaux. Transportez un simple couteau de poche dans un étui. Vous n'avez pas besoin d'un couteau de survie ou de tout autre instrument du même acabit. La chose la plus dangereuse que vous aurez à faire sera peut-être de faire une baguette lorsque vous voudrez faire un feu par jour de pluie. Et le seul combat que vous aurez à livrer sera probablement avec le couvercle de votre pot de beurre d'arachide.

La randonnée

Ne vous perdez pas. Ne pas se perdre est une attitude aussi bien qu'une habileté. Plus de gens se perdent à l'occasion d'une simple balade que d'une longue randonnée. Pourquoi ? Parce que les longues randonnées sont en général mieux préparées. On emporte des cartes et on les consulte minutieusement. Les habiletés à se servir de cartes et d'une boussole sont bien aiguisées, et parce qu'il s'agit d'une expédition plus longue, on est plus attentif à ce qui nous entoure. C'est là le secret. Prenez le temps de vous retourner de temps à autre pour voir où vous êtes passé. Prenez le temps de remarquer la position du soleil par rapport à vous en marchant. Soyez attentifs à tout ce qui vous entoure. Vous ne savez peut-être pas exactement où vous êtes, mais au moins, vous savez d'où vous venez. Et c'est tout ce que vous avez besoin de savoir.

Le leadership. La plupart des randonneurs ne se trouvent que très rarement dans une situation où il faudrait que quelqu'un assure une forme de leadership, ce qui fait que nous n'en parlerons pas ici. Cependant, tout voyage que vous faites avec une autre personne vous place nécessairement dans une situation où il est possible d'exercer un certain leadership, ou tout au moins dans une situation où il faut prendre des décisions. Gardez-vous d'adopter certains comportements. Ne poussez jamais les gens au-delà de leurs capacités lorsque vous vous trouvez dans un contexte récréatif. En faisant cela, ce n'est pas de force de caractère dont vous feriez montre, mais plutôt de sadisme. Faites en sorte que des activités récréatives ne prennent pas une tournure tragique par négligence ou manque de vigilance. Si vous êtes trempé jusqu'aux os et que vous grelottez, sachez vous arrêter. Établissez votre campement à cet endroit-là, mangez, mettez-vous au chaud avant de succomber à une crise d'hypothermie. Et si quelqu'un montre des signes de fatigue, d'hypothermie ou d'insolation, n'insistez pas pour que la personne en question « tienne bon ». Établissez le campement ou, si vous êtes en randonnée d'un jour, occupez-vous du problème sur-le-champ, avant de vous retrouver avec une véritable urgence sur les bras.

La randonnée en compagnie des aînés et des enfants. Voici une occasion d'exercer du leadership. Elle sera sans doute beaucoup moins héroïque que ce dont vous aurez rêvé, mais il s'agira sans doute du leadership le plus important que vous exercerez jamais.

D'accord, j'ai été enfant, naguère, mais j'ai passé la cinquantaine aujourd'hui. Et bien que je ne sois pas faible, j'ai quelque peu modifié le programme de mes randonnées. En fait, ce programme ressemble beaucoup à celui d'un enfant. Les enfants, comme les têtes grisonnantes, s'intéressent davantage à ce qui se passe ici et maintenant. Par ailleurs, ils semblent plus indifférents aux défis et aux buts à atteindre. Enfant, je ne voulais rien rater du paysage ; aujourd'hui, je ne veux rien rater non plus, puisque je n'emprunterai peut-être plus le même chemin. Par contre, lorsque j'étais plus jeune, il y avait toujours un défi que je brûlais de relever, et en vitesse. Après tout, j'avais la vie devant moi pour butiner et humer le parfum des fleurs !

Donc... si vous marchez avec des enfants ou des personnes plus âgées, vous marcherez à une cadence différente. Vous pourrez vous détendre et vous rappeler l'époque où vous-même étiez enfant. Vous pourrez vous reposer et tendre l'oreille tandis que votre grand-père vous expliquera pour la vingtième fois les différences entre le *pinus banksiana* et le *pinus resinosa*. Mais cette fois-ci, vous arriverez peut-être à vous en souvenir et vous le partagerez avec vos enfants.

Une balade en forêt en compagnie d'enfants et d'aînés est une balade qui ne comporte pas d'autre objectif que celui de savourer le plaisir du moment. Il n'y a pas de défi à relever parce que rien n'est plus important que la beauté d'une gentiane. Et il n'y a rien à conquérir, sauf peut-être votre goût de la conquête.

Emportez quelque chose de spécial pour le déjeuner. Emportez le guide sur les oiseaux. Emportez le livre sur les fleurs sauvages. Emportez vos jumelles et emportez une attitude conciliante, sereine et joyeuse, consciente du fait qu'il ne s'agit pas de VOTRE excursion. Elle appartient à quelqu'un d'autre, à une personne à laquelle vous tenez beaucoup. Et si vous ne vous rendez pas jusqu'à ce bel étang qui se trouve à trois sommets de l'endroit où vous êtes, vous vous rendrez fort probablement dans un endroit dont vous ne soupçonniez pas l'existence jusqu'à ce que vous le découvriez par le truchement d'yeux plus sages que les vôtres. Profitez-en !

Le dernier petit gloussement. Humez les fleurs, profitez de tout ce qu'il y a autour de vous, soyez charmant envers ceux qui vous accompagnent et respectez l'endroit où vous marchez. Et si vous me voyez dans les bois ou sur une rivière, faites-moi un signe de la main !

Appendice

Équipement pour une balade en forêt

1. Un petit sac à dos. Je préfère un petit sac compartimenté pour ses avantages pratiques.

2. Des souliers ou des bottes confortables. Choisissez une taille qui vous permettra de porter des chaussettes de laine épaisses par-dessus des chaussettes plus légères et plus fines.

3. Un anorak imperméable léger, avec capuche. Les matériaux les plus imperméables et qui respirent le mieux sont aussi les plus efficaces.

4. Une bouteille d'eau. Emportez-en un litre. Oui, c'est lourd, mais vous ne vous en rendrez même pas compte. Empaquetez la bouteille sous le rabat imperméable de votre sac à dos pour qu'elle reste au frais.

5. Des trucs à grignoter. Un quignon de pain, un morceau de fromage et une poignée de cacahuètes font un goûter presque parfait, pour moi. Mais peut-être pas pour vous. Cependant, quand on ne passe que quelques heures en forêt, la nourriture est davantage une consolation qu'une nécessité. Emportez aussi un canif.

6. Une carte et une boussole. Même si vous n'en avez pas besoin, essayez de considérer ces objets comme des ressources pouvant susciter de l'enthousiasme en vue de randonnées ultérieures. Dites-vous bien aussi que le moment idéal pour apprendre à vous en servir, ce sera lorsque vous n'en aurez pas vraiment besoin.

7. Une trousse de secours. Pour une petite randonnée, quelques articles de base et un bandage qui pourra envelopper une cheville feront très bien l'affaire. Laissez ces articles dans votre sac et vous ne partirez jamais sans eux.

8. De l'antimoustiques et un écran solaire. Gardez-les aussi dans votre sac.

9. Des guides, un carnet et un stylo. C'est selon ce que vous préférez. Nous emportons toujours un guide sur les oiseaux, un guide sur les fleurs sauvages et des jumelles. Si nous nous rendons dans une région un peu éloignée de chez nous, il nous arrive d'emporter aussi un guide sur les arbres.

10. Du papier hygiénique.

Il s'agit là d'une liste très sommaire et j'ai l'impression que plus d'un expert trouverait mes prescriptions en matière de sécurité insuffisantes. Et sans doute, le sont-elles. Mais il est question ici d'une petite balade sur des sentiers faciles.

Si vous avez l'intention de marcher sur un terrain plus difficile ou sur un terrain sans sentier, ou encore par des conditions météorologiques rigoureuses, vous auriez intérêt à compléter cette liste en y ajoutant les articles suivants : une légère veste en laine polaire ou un pull en polypropylène, des allumettes dans un contenant étanche, une couverture de survie et un léger pantalon ou des jambières imperméables.

À l'heure qu'il est, votre petit sac à dos est devenu trop petit. Enlevez-le et trouvez votre sac de randonnée (il y a une trousse de survie dedans, vous vous souvenez ?), vous serez plus à l'aise. S'il y a de la neige au sol, étoffez tout l'équipement prévu pour les pieds et ajoutez-y encore une paire de chaussettes ; attachez bien vos lunettes de soleil à vos oreilles, attrapez vos grosses mitaines doublées en laine et amusez-vous, amusez-vous, amusez-vous ! Vous pourriez même emporter un petit pain aux graines et à la graisse pour nourrir les mésanges et les grimpereaux !

Équipement pour une nuit passée en forêt

1. Un sac à dos à armature. Vérifiez bien toutes les attaches, passez les fermetures éclair sous la flamme d'une chandelle et... chassez les souris qui auraient pu s'établir dans votre sac.

2. Une tente. Vous souvenez-vous de la dernière fois où vous en avez imperméabilisé les coutures ? Vaut mieux s'en occuper maintenant, parce qu'à deux heures du matin, quand le vent soufflera de toutes ses forces et que la pluie tombera à torrents, il sera trop tard. Bien sûr, vous avez déjà vérifié les montants et les courroies ou les attaches de la tente. Bien.

3. Pour dormir. Un sac de couchage, un oreiller (s'il vous en faut un) et un matelas de sol. Personnellement, je ne pars pas en randonnée pour me faire la vie dure. J'emporte donc un Therm-A-Rest et je me moque bien du léger excédent de poids.

4. Des bottes. Si vous transportez votre maison sur votre dos, il vous faudra dans les pieds quelque chose d'un peu plus robuste que des chaussures de tennis ou de jogging. Il y a une règle qui ne change pas pourtant : des chaussettes épaisses par-dessus une paire de chaussettes plus fines.

5. L'équipement de cuisine. Un petit réchaud, deux casseroles, une poignée amovible (pour les casseroles), un petit tampon à récurer, un savon biodégradable, une cuiller à soupe (tout usage, pour manger et mélanger) et une tasse. Tous les articles de cuisine devraient être propres, bien sûr, et emballés dans leur propre petit sac. Vous avez vérifié le réchaud, et le combustible est empaqueté individuellement, n'est-ce pas ? Bien sûr ! Et vous n'avez pas non plus oublié le petit sachet comprenant les pièces de rechange indispensables pour le réchaud.

6. La nourriture. À votre choix. Personnellement, j'aime que les choses soient simples. Je préfère manger pour vivre que de vivre pour manger. Malgré cela, j'emporte toujours un petit quelque chose de terriblement délicieux. Apportez de la nourriture en prévision d'une journée supplémentaire et ne comptez jamais uniquement sur vos habiletés de pêcheur !

7. Un filtre à eau. Si vous vous en passez, vous risquez des expériences moins agréables, comme la diarrhée.

8. D'autres choses que vous devriez emporter si vous prévoyez passer la nuit dans les bois ? Bien sûr, les articles indispensables, comme la trousse de secours et un bandage, en cas de foulure, le canif, les cartes, la boussole, des vêtements adaptés aux conditions, des médicaments personnels, etc. Tout ça, c'est évident. Ce qui est plus compliqué, c'est de décider entre toutes ces autres choses que l'on pourrait emporter. Ainsi, vous voudrez peut-être troquer les guides naturels contre un petit appareil photo. Ou peut-être voudrez-vous tous les emporter. Vous emporterez sûrement votre litre d'eau en bouteille, mais vous en voudrez peut-être un autre pour vous faciliter les tâches culinaires. Moi oui en tout cas. Parfois j'emporte deux bouteilles pleines, quand je suis en terrain inconnu, parce que je ne sais pas encore où je puiserai mon eau. Par contre, je ne suis pas du genre à traîner une surcharge de vêtements. Deux ou trois kilos seulement pour être au

chaud et au sec. Mais pas un gramme de parure. Je suis sûr que vous survivrez si vous ne vous changez qu'une fois pendant le week-end.

9. Les lampes de poche. Les petites lanternes au gaz sont de beaux joujoux et d'habitude j'en emporte une. Mais une petite lampe de poche (avec une ampoule de rechange) demeure l'instrument idéal. Les piles doivent être chargées, bien sûr.

10. Un esprit détendu. Encaissez l'adversité sans vous énerver. Essayez d'apprécier la pluie !

Index

aînés (randonnée en compagnie des) : 62-63

appareil photo : 23, 53, 66

attitude : 4

balade en forêt : 15, 23
équipement pour une : 64-65

bottes : 25-30, 35, 64, 66

boussole : 22, 53, 57-58, 62, 64, 66

carte : 5, 6, 9, 22, 53, 57, 59, 62, 64, 66

chaussettes : 27-30, 64-66

confort : 20, 23, 25, 41-42, 49-50

couteau : 53, 61

cuisine : 35, 38, 43-48

eau : 15, 35, 37, 42, 64, 66
bouteille d' : 16, 24, 52
traitement de l' : 16, 66

enfants : 24-25
randonnée en compagnie des : 62-63

équipement : 1-2, 14-30, 31, 35, 38, 52
de cuisine : 66
personnel : 22
pour la pluie : 19-20
pour les pieds : 28-30
pour une balade en forêt : 64-65
pour une nuit passée en forêt : 65-67

expédition : 2, 3, 9

guêtres : 30

jumelles : 23, 53, 63, 65

leadership : 62

marcher : 9, 11, 25, 57
comment : 3
comment trouver un endroit où : 5

matelas de sol : 31, 37, 39, 41, 65

nourriture : 16-17, 42-44, 46, 48, 52-53, 64, 66

nuit passée en forêt (équipement pour une) : 65

oreiller : 53-54, 65

organisation : 9, 17

orientation : 22
principes de base en : 57

pieds (équipement pour les) : 28-30

pluie (équipement pour la) : 19-20

position (relever sa) : 57-58

premiers soins : 19

réchaud : 43-45, 48, 52, 61, 66

sac à dos : 15, 23-24, 49-56, 64-65
comment mettre un : 54-56

empaquetage (conseils pour l') : 52-55

sac de couchage : 31, 39-42, 52, 65

sac de randonnée :
voir *sac à dos*

secours (trousse
de) : 17, 53, 64, 66

tapis de sol : 31, 38

temps frais
(vêtements pour) :
22

tente : 31, 52, 65

choix d'une : 31-34

imperméabilisation
des coutures : 37

monter une : 35-39

terrains (catégories
de) : 11

traces (ne pas laisser
de) : 60-61

trousse de secours :
17, 53, 55, 64, 66

trouver un endroit
où marcher
(comment) : 5

vêtements pour
temps frais : 22